LES SYNDICATS AGRICOLES
AUX CHAMPS ET AU PARLEMENT

H. de **GAILHARD-BANCEL**

Ancien Député

▽

LES SYNDICATS AGRICOLES

AUX CHAMPS ET AU PARLEMENT

1884-1924

PRÉFACE DE M. GARCIN

Président de l'Union du Sud-Est des Syndicats Agricoles

CRUCE ET ARATRO

EN VENTE

A Paris

AUX ÉDITIONS SPES

17, Rue Soufflot

A Lyon

AUX BUREAUX DE L'UNION DU SUD-EST

1, Rue Bellecour

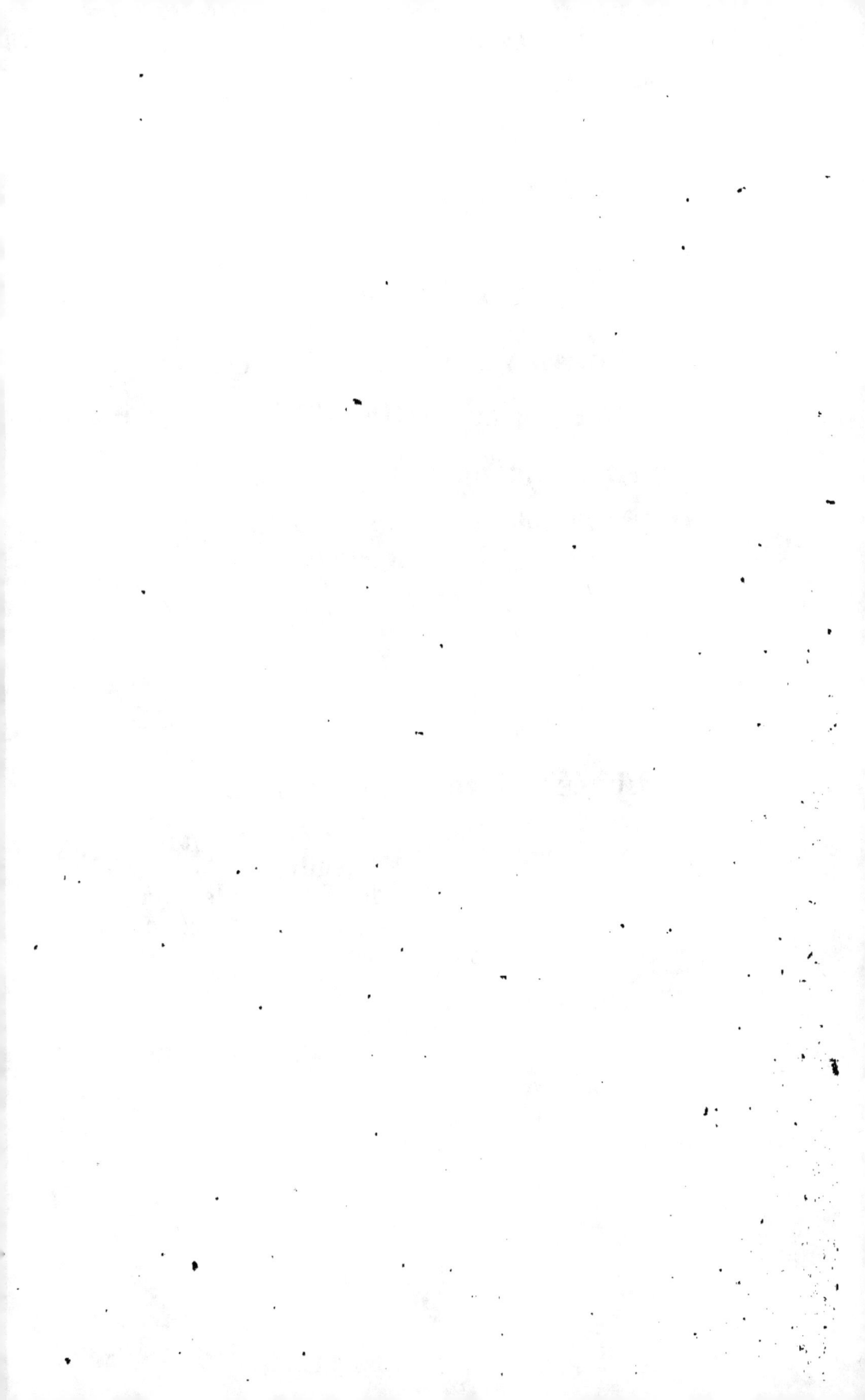

A LA MÉMOIRE

DU COMTE DE SAINT-VICTOR
D'EMILE DUPORT
ET D'ANATOLE DE FONTGALLAND

Anciens Présidents de l'Union du Sud-Est
des Syndicats Agricoles

A MES FIDÈLES ÉLECTEURS DE L'ARDÈCHE

Grâce à qui j'ai pu
défendre à la Chambre
des Députés les Syndicats
agricoles et les agricul-
teurs.

PRÉFACE

Le superflu de la veille devient le nécessaire du lendemain.

Combien de fois cette remarque n'est-elle pas confirmée par l'expérience de chacun de nous ? Dans l'ordre matériel, c'est l'histoire de la civilisation qui nous le démontre à chaque pas. Dans l'ordre moral lui-même les preuves abondent et je me bornerai à rappeler ici l'évolution qui s'est produite dans l'organisation professionnelle en France.

Pendant près d'un siècle après la grande Révolution, le droit d'association a subi une éclipse dans notre pays et un individualisme forcé ou même forcené a sévi dans tous les métiers, malgré les atteintes nombreuses qu'il dût subir, tant de la part des faits que de la part du droit.

Aujourd'hui, les jeunes gens et même les hommes faits qui voisinent la vieillesse sont tentés de considérer comme conquis de tous temps, les avantages pour lesquels nos aînés ont dû combattre. Que de gens seraient étonnés si on leur disait que la faculté *de constituer des syndicats, d'y adhérer et de s'en servir pour améliorer la situation des diverses professions ne remonte qu'à 1884 et qu'avant cette date, le Code Pénal interdisait tout ce qui nous paraît indispensable aujourd'hui.*

Certes, nous ne croyons pas que les libertés syndicales soient en péril, mais il y a d'autres libertés qui demeurent sous le boisseau et pour la libération desquelles nous et nos enfants, nous devons lutter en nous souvenant de l'exemple de ceux qui nous ont précédés, et sans nous laisser décourager par les difficultés que nous rencontrons pour obtenir satisfaction.

Je félicite donc de tout cœur mon excellent collègue et ami Hyacinthe de Gaillard-Bancel d'avoir réuni les souvenirs de sa vie syndicale et parlementaire, afin de nous rappeler que la défense des intérêts agricoles par les organisations syndicales est d'origine toute récente, qu'il a fallu la sauvegarder dans diverses périodes où elle fut gravement menacée et qu'il importe de demeurer vigilant pour conjurer le péril s'il venait à se renouveler.

Ce fut en 1884, quelques mois à peine après le vote de la loi du 21 mars, que M. de Gailhard-Bancel donna l'exemple, à Allex, dans cette vallée de la Drôme à l'aspect si riche et si calme malgré la proximité des montagnes aux profils escarpés et sévères, en constituant le premier syndicat agricole communal de toute la région et du même coup, il trancha deux ordres de contestations.

Un statut légal avait été donné aux syndicats pro-

fessionnels pour permettre aux ouvriers de l'industrie et du commerce de défendre leurs intérêts, mais parmi les protagonistes de la réforme aucun n'avait songé à l'agriculture et bien des gens se demandaient si cette industrie fondamentale et nourricière de tous les Etats pourrait tirer parti de la législation nouvelle. La controverse fut résolue à Allex de façon définitive, en fait, par l'exemple que donna notre ami et en droit, par tous les services que rendirent depuis lors les syndicats agricoles, car il est de notoriété publique que toute législation est mise en échec par l'utilité des institutions dont elle poursuit la disparition.

Sur un autre point, le syndicat agricole d'Allex ouvrit une voie extrêmement féconde sur laquelle des milliers de bonnes volontés s'engagèrent plus tard. On ne savait pas, en 1884, ce qui était préférable : de donner aux organisations professionnelles et spécialement aux associations agricoles, une circonscription un peu vaste, englobant un territoire étendu et permettant par le fait même de grouper un très grand nombre d'adhérents et d'assumer des frais généraux lourds, ou, au contraire, de se restreindre à une commune, d'y concentrer les efforts, d'y maintenir et développer une vie professionnelle plus intense, par le fait même que l'activité serait restreinte à un champ d'action plus limité.

La querelle, car c'en fut véritablement une, a duré longtemps et il y a encore des gens pour affirmer qu'elle n'est pas vidée. Pourtant, à Allex, les résultats acquis ont permis aux observateurs de bonne foi, de se rendre compte de l'efficacité ou plutôt de la supériorité de l'organisation communale, et plus tard, Emile Duport s'inspirera de l'exemple donné dans la vallée de la Drôme pour recommander à ses continuateurs de ne constituer la mutualité agricole que dans le cadre étroit de chaque commune rurale.

Pourtant, en 1908, lorsqu'un arrêt de la Cour de Cassation menaça les syndicats agricoles, en contestant la légitimité des opérations qu'ils effectuaient depuis 24 ans pour le compte et dans l'intérêt de leurs adhérents, on fut sur le point de revenir à la notion de la supériorité des syndicats à circonscription large sur l'organisme communal qui, plus petit, plus faible par conséquent, paraissait moins capable d'opposer une résistance et d'obtenir auprès des pouvoirs publics l'aide indispensable.

Heureusement, le temps avait passé et avait consolidé la réforme effectuée en 1884. Les syndicats communaux avaient, d'un autre côté, compris leur faiblesse congénitale due à l'exiguïté de leur champ d'action, et ils avaient constitué des Fédérations ou Unions départementales ou plutôt régionales qui dans la lutte révélèrent leur force de résistance à ceux-là mêmes qui étaient tentés d'en douter.

Un moment, on crut la partie perdue ; ce fut lorsque le Ministre de l'Agriculture prétendit venir au secours des syndicats agricoles : que de fois, depuis lors, avons-nous songé à la fable de l'ours et du jardinier... Il ne fallut pas moins des efforts conjugués de notre ami de Gailhard-Bancel, de ceux qu'il avait pu intéresser à la cause des organisations professionnelles agricoles, et du concours extrêmement précieux apporté par M. Millerand qui, alors, représentait le parti socialiste, pour briser l'offensive dirigée contre les institutions syndicales.

Nous sommes heureux d'avoir cette occasion d'exprimer à nouveau à celui qui fut le défenseur de nos associations agricoles, il y a 21 ans, la reconnaissance que nous lui devons pour avoir consolidé une situation qui était alors chancelante, et pour l'avoir assise sur des bases qu'aujourd'hui nous ne craignons pas de considérer comme indestructibles.

Nous savons d'ailleurs la joie que Gailhard-Bancel a éprouvée en assistant au développement des institutions qu'il avait été le premier à créer et qu'il s'était plu à voir grandir et rayonner sur la France entière. Aujourd'hui, s'il a été heureux d'assister à la quarantième assemblée générale de son syndicat d'Allex et de celui de Crest dont il a été aussi le fondateur, s'il prend part aux délibérations du Conseil de l'Union du Sud-Est des Syndicats agricoles qu'il a vu naître, ou de l'Union Centrale des Syndicats agricoles qui groupe, à Paris, toutes les régions françaises, c'est moins pour les résultats acquis, pour la récompense des efforts qu'il a multipliés sans les compter, mais c'est surtout parce qu'il pressent l'action que, dans l'avenir, exerceront toutes ces cellules de la profession agricole, quand elles se seront suffisamment multipliées, quand l'expérience leur aura donné la confiance en elles-mêmes c'est-à-dire l'audace indispensable pour aborder les grandes réalisations.

En attendant ce jour, qui est peut-être plus proche qu'on n'est tenté de le croire, je demanderai à ceux qui font confiance à l'action professionnelle pour remédier à l'égoïsme des individus et prévenir les oppositions des classes, de lire attentivement ces souvenirs d'action et de lutte rassemblés par M. de Gailhard-Bancel et de s'en inspirer dans l'accomplissement des travaux que demain la Providence nous prépare.

Et si l'étude du passé ménage ainsi un avenir meilleur, l'auteur de ces souvenirs ne sera-t-il pas récompensé de tous ses efforts en songeant que, comme Emile Duport, Léon Riboud, de Saint-Victor, de Fontgalland, et tant d'autres qui ont donné le meilleur de leur vie à la défense professionnelle de l'agriculture, il n'a pas inutilement lutté pour sauvegarder la paix sociale.

F. GARCIN,

*Président de l'Union du Sud-Est
des Syndicats agricoles.*

AVANT-PROPOS

Les Syndicats agricoles ont déjà parcouru une longue carrière. Un certain nombre d'entre eux ont fêté le quarantième anniversaire de leur fondation, et dans six ans, en 1934, quelques-uns pourront célébrer leur cinquantenaire, leurs noces d'or.

Le Syndicat d'Allex sera de ceux-là ; mais son fondateur et président actuel risque bien de n'y pas assister. Nul n'est assuré du lendemain, et lorsqu'on touche à sa quatre-vingtième année, on est moins sûr d'être encore de ce monde dans six ans.

C'est cette incertitude qui me décide à ne pas attendre le jour des noces d'or du premier Syndicat que j'ai fondé, pour publier mes souvenirs sur le début et le développement rapide des Syndicats agricoles, que quelques-uns de mes amis m'ont demandé d'écrire.

Ai-je eu tort ou raison d'acquiescer à leur demande ? L'avenir le dira.

J'avais songé d'abord à ne rappeler, dans mes souvenirs, que les jours difficiles qu'ont traversés les

Syndicats en 1908-1909, lorsqu'un ministre de l'Agriculture, trop complaisant pour leurs adversaires, subissant je ne sais quelles influences, avait déposé un projet de loi qui leur enlevait le bénéfice de la loi sur les Syndicats professionnels du 21 mars 1884 pour les placer sous l'empire de la loi du 1er juillet 1901, et leur infligeait un abaissement désastreux, une véritable déchéance.

Mais, réflexion faite, je me suis décidé à commencer par les souvenirs de leur fondation et de leurs premières années.

Les jeunes générations ont trouvé la maison construite et aménagée ; elles n'ont que la peine d'y entrer, d'en profiter, de l'améliorer. Elles ne semblent pas se douter du travail, de l'effort considérable qu'ont dû faire leurs aînés pour l'édifier et y installer les services variés dont elles bénéficient. Elles s'imaginent peut-être que cela s'est fait tout seul. N'est-il pas bon qu'on leur rappelle qu'il n'en est rien et que toute œuvre, pour naître et grandir, demande un dur labeur, rencontre bien des difficultés, doit subir des contradictions et surmonter bien des obstacles ?

Les Syndicats agricoles n'ont pas échappé à cette loi et n'échapperont pas à celle qui régit toutes les institutions humaines, à savoir que pour durer et prospérer elles ont besoin de la collaboration continue de tous ceux qui en ont la charge et en bénéficient.

Cela, les nouvelles générations semblent l'oublier un peu. La guerre a été pour les Syndicats, comme pour toutes les œuvres, une rude épreuve. Ils l'ont franchie au point de vue économique et financier ; mais en est-il de même au point de vue social et moral? Leur action bienfaisante s'exerce-t-elle dans nos campagnes avec autant d'intensité qu'auparavant? Ne regarde-t-on pas un peu trop les Syndicats comme une affaire, qui rend des services dont on profite volontiers, mais à laquelle on ne doit rien, de laquelle on peut se désintéresser, et dont on ne se rappelle l'existence que lorsqu'on a besoin d'elle?

Il importe pour l'avenir que cette tendance, qui n'est peut-être pas générale, mais qui se manifeste dans certaines régions, soit combattue et enrayée. Il importe que l'esprit familial, qui animait nos Syndicats autrefois, survive, et que les assemblées, les réunions diverses pour les fêtes ou autres circonstances, ne soient pas abandonnées et redeviennent fréquentes et suivies, comme elles le furent pendant longtemps.

Il importe, aujourd'hui comme hier, de défendre les intérêts de l'agriculture, il importe de remettre en honneur la profession agricole et de retenir à la terre les fils des familles rurales, qu'attirent à la ville les apparences d'une vie plus douce et plus facile ou l'appât des fonctions publiques qui se multiplient, au grand détriment de la prospérité du pays et de l'indépendance des citoyens.

C'est là le but moral et social des Syndicats agricoles, et, pour l'atteindre, ils ont besoin du concours, du dévouement de leurs membres, qui devra s'affirmer par une participation plus assidue à la vie syndicale, à la bonne marche des diverses institutions d'intérêt agricole et social qu'ils ont établies.

Puissent ces modestes pages convaincre les terriens qui les liront de la nécessité de ne pas se désintéresser de leurs Syndicats agricoles. Qu'ils soient persuadés que le temps qu'ils leur donneront ne sera pas du temps perdu, et qu'ils seront largement récompensés de ce qu'ils auront fait pour eux par les multiples services qu'ils en recevront, et qui seront d'autant plus grands qu'ils leur auront plus donné de leur temps et d'eux-mêmes.

PREMIÈRE PARTIE

Fondation et fonctionnement des Syndicats agricoles

CHAPITRE PREMIER

Fondation
et débuts des Syndicats agricoles

---

§ I. — *Les Syndicats agricoles et la loi*
du 21 mars 1884.

Les législateurs des années 1883-84 auraient été bien surpris si on leur avait dit que les agriculteurs useraient, même dans une faible mesure, de la loi du 21 mars 1884, sur les Syndicats professionnels. Cette loi, dans leur pensée, n'avait en vue que le commerce et l'industrie.

Dans la longue discussion, qui précéda son vote à la Chambre des députés, il ne fut pas question un instant des agriculteurs. Ce fut au Sénat, et par hasard, qu'un sénateur les fit admettre au bénéfice de la loi.

Ce sénateur, M. Oudet, entrait dans la salle des séances au moment où le président donnait lecture du texte de l'article 3 de la loi, qui était ainsi conçu : « Les Syndicats professionnels ont exclusivement pour objet l'étude et la défense des intérêts économiques, industriels et commerciaux ».

— Et pourquoi pas agricoles? demanda M. Oudet, dans une interruption.

Pourquoi pas, en effet? Et le Sénat, à l'unanimité, décida que le mot *agricole* serait introduit dans le texte de l'article 3.

Ce fut ainsi qu'un moyen nouveau d'aider les agriculteurs fut donné à ceux qui avaient à cœur de défendre leurs intérêts.

Et, certes, ils avaient grand besoin, à ce moment-là, qu'on s'occupât d'eux. L'agriculture traversait des temps difficiles, le phylloxéra avait détruit une grande partie des vignes ; l'élevage des vers-à-soie végétait, celui du bétail n'était plus rémunérateur, les céréales se vendaient mal, et le rendement cultural était faible. Comment sortir de cette crise?

Ce n'est pas à dire que rien n'eût été fait pour y remédier : il y avait des Comices agricoles qui organisaient des concours, distribuaient des récompenses et encourageaient les progrès de la culture. Il y avait des publications agricoles ; il y avait aussi les grandes Sociétés d'agriculture, la Société des Agriculteurs de France, notamment. Celle-ci fut fondée en 1868, à la suite d'un concours agricole où l'un de ses fondateurs, M. Lecouteux, avait dit, dans un toast, au banquet de clôture : « Ce concours aura démontré que les temps sont venus où l'agriculture doit s'organiser de manière à faire elle-même ses affaires d'intérêt professionnel ».

La jeune Société prit bien vite une importance considérable. Reconnue d'utilité publique en 1872, elle s'était mise à l'œuvre dès ses débuts, et s'appliqua, avec une grande activité, à développer et propager, parmi ses adhérents, les meilleures méthodes de culture, et à se préparer à la défense des intérêts généraux de l'agriculture.

Mais tout cela était loin des campagnes et y pénétrait bien peu : une élite seule pouvait bénéficier des enseignements qu'elle donnait dans ses assemblées annuelles et dans son bulletin. Il fallait se rapprocher du peuple, des petits cultivateurs, les initier, eux aussi, aux progrès agricoles, à la nécessité et aux bienfaits de l'association. Malheureusement, c'était presque impossible. La loi interdisait les associations de plus de vingt personnes. Une autorisation administrative était nécessaire pour fonder une association qui dépassait ce nombre, et cette autorisation n'était pas facilement accordée.

J'étais, en ce qui me concerne, payé pour le savoir. Membre depuis longtemps de l'œuvre des Cercles catholiques d'ouvriers, fondée en 1872, par Albert de Mun et le lieutenant-colonel de la Tour du Pin Chambly, j'avais songé à organiser dans ma commune un groupement de cultivateurs. J'avais demandé l'autorisation au préfet ; elle m'avait été refusée.

— 6 —

§ II. — *Les Œuvres agricoles antérieures aux Syndicats. — Un exemple d'association agricole en Westphalie. — Fondation du Syndicat agricole d'Allex : Hésitations et difficultés.*

J'avais eu cette pensée à la suite d'une conférence particulièrement intéressante faite en 1882, dans une assemblée générale de l'Œuvre des Cercles catholiques d'ouvriers.

Dans cette conférence, M. Claudio Janet avait exposé les magnifiques résultats obtenus par l'association des paysans de Westphalie. Un grand propriétaire terrien, le baron de Scholemer-Alst, avait réuni trente-sept de ses voisins, grands, moyens et petits agriculteurs. Avec eux, il avait étudié les questions sociales intéressant l'agriculture et avait travaillé à améliorer leur situation. Le petit groupe des trente-sept avait rapidement grandi, d'autres s'étaient réunis à lui et de leur réunion était née l'Union des Paysans de Westphalie qui, en peu de temps, avait atteint le chiffre de trente mille membres, avait fait réaliser des progrès notables dans les méthodes de culture, créé des institutions d'assistance et de prévoyance, des caisses de crédit agricole, et transformé, en quelques années, la situation économique et sociale de la province.

C'est de cette conférence que datait mon désir de tenter autour de moi ce qui avait si bien réussi en Allemagne, désir que le refus de la demande d'autorisation que j'avais faite en 1882, pour la fondation d'un cercle rural, ne m'avait pas permis de réaliser.

Quand la loi du 21 mars 1884, qui donnait aux agriculteurs le droit de former librement des Syndicats, m'en eut donné le moyen, je songeai sans tarder à y avoir recours, et envisageai la fondation d'un Syndicat agricole à Allex.

Mais je me heurtai bien vite à de nombreuses difficultés. Le mot Syndicat sonna mal aux oreilles de mes compatriotes, aux prises, depuis bien des années, avec un procès interminable occasionné par un Syndicat administratif, qui avait pour but la construction de digues sur les rives de la Drôme. Ils n'avaient, de plus, aucune idée de ce qu'était une association libre, de son utilité, des services qu'elle pouvait rendre.

Autour de moi, je n'avais personne pour me seconder, aucune œuvre analogue qui pût me servir de modèle. L'Œuvre des Cercles avait bien fondé quelques cercles ruraux, mais ils n'avaient rien de commun avec un Syndicat agricole. Il fallait préciser et adapter à l'esprit de nos campagnes les diverses institutions créées en Allemagne, préparer et rédiger des statuts. C'était une besogne bien nouvelle pour moi et bien laborieuse.

Et pourquoi ne l'avouerais-je pas ? A ce moment-là, j'avais, depuis deux ans, quitté le barreau et m'étais complètement fixé à la campagne. J'avais repris une existence tout à fait extérieure, je passais mon temps à courir les champs, à surveiller mes propriétés, et le courage me manquait pour me mettre, en rentrant, à travailler et à écrire. Les semaines, les mois passaient, et les statuts du Syndicats restaient toujours en panne.

Nous étions déjà à la fin de juillet ; la famille de ma femme avait pris ses quartiers d'été à Grane. Nous nous y étions installés aussi, et je renvoyais toujours à plus tard la rédaction de ces malheureux statuts. Qui sait... peut-être ne les aurais-je jamais mis sur pied si, le 30 juillet 1884, je ne m'étais cassé le bras dans un accident de voiture.

Heureux et providentiel accident !... La fracture était grave et une blessure extérieure n'en permit pas la réduction immédiate. Je fus immobilisé complètement pendant une semaine, et ensuite condamné à une quasi réclusion pendant quinze jours. Comment occuper ces loisirs? Je me décidai à les employer à rédiger les statuts du futur Syndicat. J'écrivis à quelques-uns de mes amis de l'Œuvre des Cercles, à Louis Milcent notamment, qui avait fondé à Poligny, depuis déjà quelques années, une Caisse de crédit agricole, qu'on citait comme un modèle. Il était justement en train d'élaborer les statuts du futur Syndicat agricole de Poligny, qu'il devait déposer au mois de septembre suivant. Il me les envoya avec quelques observations sur mon projet que je lui avais communiqué, et lorsque, ma réclusion terminée, je revins chez moi, les statuts du Syndicat d'Allex étaient prêts.

J'attendis que les travaux des champs fussent avancés, que les soirées fussent devenues plus longues pour réunir mes amis d'Allex et leur parler des avantages de l'association, de la fondation d'un Syndicat, leur en exposer le but et le fonctionnement et leur soumettre les statuts.

Tout imprégné des principes de l'Œuvre des Cercles catholiques et de la pensée chrétienne qui avait inspiré les fondateurs des Associations de paysans de Westphalie, je tenais à donner à notre Syndicat un caractère chrétien et je ne m'en cachais pas dans les causeries que je faisais dans ces réunions. Tous ceux de mes compatriotes à qui j'avais fait appel acceptèrent sans aucune protestation mes propositions et, fort de leur approbation, je donnai pour blason à notre Syndicat : *La Croix et la Charrue*. avec la devise : *Cruce et aratro*.

Je fus très secondé, pendant cette période préparatoire, par un de mes voisins, le baron Blancard, capitaine d'artillerie en retraite. Ancien aide de camp du maréchal Pélissier, qui avait été lui-même aide de camp de son père, le général baron Blancard, M. Blancard avait dû prendre prématurément sa retraite, à cause de sa santé. Devenu agriculteur, excellent chrétien, il était tout à fait qualifié pour s'intéresser au Syndicat ; si sa santé lui avait permis de s'en occuper activement, il aurait été tout désigné pour en être le président.

Vers cette époque, dans le courant de septembre, mon ami M. de Fontgalland, avait, de son côté, fondé un Syndicat agricole à Die. Il eut la bonne pensée de m'en envoyer les statuts et divers documents qu'il avait fait imprimer. Ils me furent d'une grande utilité. Il avait eu en vue presque uniquement l'achat, par le Syndicat, d'engrais chimiques et leur répartition entre ses membres, et les engrais chimiques, dont je n'avais alors qu'une idée très vague, devaient jouer un grand rôle dans l'avenir de nos groupements.

Dans le courant d'octobre et de novembre, nos réunions se multiplièrent. Je ne sais pourquoi, j'hésitais à mettre en train le Syndicat et à déposer les statuts. Je sentais bien que mes amis commençaient à se lasser de ces réunions où je ressassais toujours les mêmes idées et qui finissaient par devenir insipides, mais je ne pouvais pas me décider à faire le pas décisif. Un jour enfin, mon excellent ami M. Blancard me déclara qu'il fallait en finir, ou renoncer à nos projets, et je m'exécutai.

Je déposai les statuts à la mairie d'Allex, le 6 décembre 1884. Malgré tous ces atermoiements, le Syndicat d'Allex était fondé l'année même du vote de la loi. Le maire d'Allex n'avait pas fait la moindre difficulté pour recevoir les statuts et me donner le récépissé de leur dépôt.

Il n'en avait pas été de même pour mon ami de Fontgalland. Le maire de Die, ancien sous-préfet de l'Empire et de la République, était un autoritaire de fort calibre ; il ne voulait pas croire, ne pouvait pas comprendre que la liberté dé s'associer eût été rendue aux citoyens exerçant la même profession et il refusa de recevoir les statuts du Syndicat de Die. Il fallut que M. de Fontgalland lui fit faire sommation, par huissier, d'en accepter le dépôt et d'en délivrer récépissé.

§ III. — *Les débuts du syndicat d'Allex. — Lutte contre le phylloxéra. — Les engrais chimiques. — Un centre de réunions. — Assistance aux funérailles. — Caisse de Secours : assurance contre l'incendie et les accidents. — Caisse de Crédit. — Fête patronale. — Fondation du Syndicat de Grane.*

Lutte contre le phylloxéra. — Le Syndicat agricole d'Allex était donc fondé. Il fallait, dès lors, montrer qu'il était capable de faire œuvre utile au point de vue professionnel. Nous étions, à ce moment-là, au plus fort de la crise viticole. Dans notre région, la plupart des vignes avaient disparu et on n'avait pas encore commencé à les replanter. La reconstitution des vignobles me parut devoir être l'objet de nos premiers efforts et, dans ce but, je fis venir des plants américains, porte-greffes et producteurs directs, et en distribuai quelques plants à ceux des membres du Syndicat qui en désiraient. Je donnai quelques conférences sur l'utilisation de ces plants, sur le terrain qui leur convenait, sur le greffage. Des leçons pratiques de greffage furent même données par un viticulteur compétent qui avait bien voulu nous prêter son concours.

Quelques champs de vignes avaient échappé au phylloxéra. J'organisai, pour les conserver, le traitement par le sulfure de carbone.

Les engrais chimiques. — Au printemps, le Conseil décida de faire venir des pommes de terre de semences et de commencer une campagne pour l'emploi des engrais chimiques. Ce ne fut pas chose facile, de triompher des préjugés invétérés de nos cultivateurs contre ces engrais. Ils avaient été si souvent trompés par des marchands sans scrupules qui leur avaient vendu de la terre ou du sable, en les baptisant du nom d'engrais, qu'ils étaient bien excusables et que leurs préventions n'avaient rien de surprenant.

J'entends encore l'un d'eux me disant :

— Mon cher Monsieur de Gailhard, à quoi pensez-vous en nous conseillant d'employer ces engrais !... Vous allez vous discréditer bien vite et le Syndicat sera bientôt mort !...

Je laissai dire et, tout doucement, je m'efforçai de persuader à ces braves gens de faire des essais. J'en avais fait moi-même d'ailleurs auparavant et pouvais me vanter d'avoir réussi.

J'avais obtenu une luzerne magnifique dans la plaine d'Allex où, jusqu'alors, il n'avait jamais été possible d'en faire pousser une plante. Notre sol manquait complètement d'acide phosphorique. Il suffisait de lui en donner pour que la luzerne et les autres fourrages artificiels y pussent réussir. Aussi, l'emploi des superphosphates ne tarda-t-il pas de devenir courant, et, grâce aussi aux engrais azotés et potassiques, le rendement de nos terres fut notablement accru.

Un centre de réunion : La buvette. — J'avais tenu, dès le début, à installer pour les membres du Syndicat, un lieu de rendez-vous, une sorte de cercle, où le dimanche, à la sortie des offices, il leur fût possible de se retrouver, de prendre une tasse de café ou un verre de vin, de faire une partie de boules ou de dominos, de parler du Syndicat, de se communiquer mutuellement leurs essais, leurs succès, leurs échecs.

En avions-nous le droit? Il y avait doute et je pris le parti d'en écrire au directeur des Contributions indirectes du département. Sa réponse nous donna pleine satisfaction, nous avions le droit, sans payer patente, d'avoir une buvette, à la condition que les bénéfices, s'il y en avait, tombassent dans la caisse du Syndicat.

Ainsi fut fait, et, pendant de longues années, la buvette a connu des jours de grande prospérité et elle subsiste encore aujourd'hui.

Assistance aux funérailles. — Le foyer syndical était constitué. Pour le consolider et établir entre les membres du Syndicat une sorte de lien familial, nous décidâmes que tous ses membres assisteraient aux funérailles de leurs collègues décédés.

Dès la première année, nous eûmes à accomplir ce pieux devoir. Un de nos plus jeunes collègues fut emporté soudainement, presque au lendemain de son mariage, et les circonstances particulièrement douloureuses de ces funérailles nous amenèrent à établir un usage, fidèlement conservé jusqu'à présent.

Alors que nous nous pressions émus autour de

cette tombe prématurément ouverte, il me sembla que les regards attristés se tournaient vers moi, me demandant de traduire, par quelques paroles, les sentiments qui étreignaient les cœurs, et d'adresser, au nom de tous, un dernier adieu au jeune ami de qui nous déplorions la perte.

Je sentis d'autant mieux ce besoin d'exprimer tout haut ce que nous ressentions dans l'intime de nos cœurs, que je l'éprouvais moi-même et, m'approchant de la fosse béante, j'adressai au jeune ami que nous pleurions « l'adieu chrétien, l'au revoir près de Dieu » que, depuis ce jour de deuil, nous n'avons jamais manqué d'adresser à ceux qui l'ont suivi dans la tombe.

Caisse de secours. — Pour donner un caractère plus familial encore au Syndicat, nous ne tardâmes pas d'organiser une Caisse de secours pour les membres malades. Ce ne fut pas, tout d'abord, une vraie Société de secours mutuels, ayant une vie propre et indépendante du Syndicat. Chaque année seulement le Syndicat votait une certaine somme qui était répartie, en fin d'année, entre ceux qui avaient été malades.

Les assurances. — Nous ne tardâmes pas non plus de faciliter à nos sociétaires l'assurance contre les accidents du travail et surtout contre l'incendie. Les lois qui devaient par la suite permettre aux Syndicats de fonder des Caisses d'assurances locales contre ces risques n'existaient pas encore. En attendant des facilités nouvelles qui ne devaient leur être données que beaucoup plus tard, et pour protéger nos membres contre les agents de certaines Compagnies plus ou moins sérieuses, qui sollicitaient leurs assurances, nous demandâmes à de grandes sociétés mutuelles d'assurances d'accepter le Syndicat comme agent et de le faire bénéficier des remises qu'elles accordaient à leurs agents.

Les Compagnies auxquelles nous nous étions adressés acceptèrent, et nous pûmes, de la sorte, procurer aux membres du Syndicat le moyen de s'assurer dans des conditions avantageuses et d'entière sécurité contre l'incendie et les accidents.

Nous nous préoccupâmes ensuite de fonder une Caisse de Crédit agricole. M. Louis Durand, qui avait importé en France les Caisses Raiffeisen, en les adaptant aux coutumes françaises, vint nous donner une conférence, et, la conférence terminée, séance tenante, la Caisse fut fondée, sans capital mais avec la garantie solidaire et illimitée de tous ses membres.

Une fois la Société constituée, il s'agissait de la faire fonctionner et il fallait pour cela des prêteurs et des emprunteurs. Des prêteurs pour avoir des fonds, des emprunteurs pour les utiliser. Ce ne furent pas les prêteurs qui manquèrent, mais les emprunteurs. Personne n'osait être le premier à recourir à la Caisse ! Mon parti fut vite pris, je donnai l'exemple ; je demandai à emprunter 500 francs en me conformant de tout point au règlement de la Caisse. Mon exemple ne tarda pas d'être suivi ; les emprunteurs arrivèrent ; et aujourd'hui encore, après plus de quarante ans, ils continuent à arriver.

La fête patronale. — Dès le milieu de l'année 1885, six mois après la fondation du Syndicat et bien avant, par conséquent, que les services dont je viens de parler aient été organisés, il était assez solidement constitué pour être en mesure de célébrer, pour la première fois, sa fête patronale, avec défilé dans le village, assistance à la messe, grand banquet.

Tout marcha à souhait. La fanfare de Bourg-de-Péage, que patronnaient deux de mes amis, MM. Augustin Belmont et Armand Fière, accepta d'être de la fête, et, grâce à elle, le défilé au travers du village fut tout à fait bien.

Un hasard heureux m'a fait retrouver une lettre dans laquelle, le lendemain de la fête, j'en racontais le succès. J'en reproduis un passage :

Notre fête du 10 mai a dépassé toutes mes espérances. Nos braves gens ordinairement si timides, ont été heureux de se montrer, avec un courage qui m'a agréablement surpris. Ils ont suivi la bannière dans les rues d'Allex, au nombre de 150, et ont ensuite joyeusement et solidement banqueté quatre heures durant, sans que les têtes se soient trop échauffées. Tout cela est de bon augure pour l'avenir.

Mon bon ami Boyer de Bouillanne, alors avocat à Valence, avait bien voulu être des nôtres. Sa parole, à la fois éloquente et spirituelle, nous charma et on ne lui marchanda pas les applaudissements.

Mon espoir d'alors n'a pas été trompé, puisque quarante ans après, en 1924, nous avons pu fêter solennellement, dans un banquet de 200 couverts, le 40e anniversaire de la fondation du Syndicat.

Une fois le Syndicat d'Allex lancé et mis en bonne voie, avec le concours des membres du Conseil, qui avaient pris leur rôle au sérieux, et d'un secrétaire dévoué, je songeai à propager l'idée syndicale autour de moi, dans la commune de Grane d'abord, où j'avais passé chez mes beaux-parents le temps de la providentielle réclusion à laquelle j'avais été condamné, et où je connaissais alors beaucoup de monde.

Cette fondation se fit aisément, sur des bases analogues à celles du Syndicat d'Allex, et, l'année d'après, en 1886, les Syndicats d'Allex et de Grane se réunirent à Grane, pour célébrer ensemble leur fête patronale.

CHAPITRE DEUXIÈME

Expansion des Syndicats agricoles.
Fondation des premières Unions

---

§ I. — *Fondation du syndicat agricole des cantons de Crest : ses sections ; incidents divers.*

Ces deux Syndicats communaux une fois fondés, je songeai à atteindre l'ensemble des communes des deux cantons de Crest qui, à eux deux, en comptent 30, et je crus devoir commencer par le chef-lieu des deux cantons, la ville de Crest.

Ce n'était pas chose commode ; les agriculteurs notables y étaient peu nombreux et je me rendis compte bien vite que, pour réussir, il fallait avoir le concours des bourgeois de Crest et même de quelques commerçants, quoique le Syndicat risquât de leur porter ombrage. Je me décidai donc à recourir à ces divers éléments indispensables au succès, si peu agricoles qu'ils pussent paraître, quoique tous possédassent quelques propriétés plus ou moins importantes.

Je convoquai un certain nombre de personnes et leur exposai la nécessité, pour les honnêtes gens, de se grouper dans le but de constituer une force capable de résister à ceux qui rêvent de bouleverser l'ordre social, et je montrai l'association professionnelle, le Syndicat agricole notamment, comme l'élément de résistance le plus puissant et le plus sûr contre les ennemis de la Société.

Mon appel fut entendu ; quelques jours après, une nouvelle réunion avait lieu, et un Comité d'une quinzaine de personnes était constitué et acceptait de recruter des adhérents au futur Syndicat.

J'eus la bonne fortune de trouver, parmi les membres du Comité, un homme aussi intelligent que dévoué, Louis Court, commerçant à Crest, à qui le Syndicat ne pouvait faire aucune concurrence -- il était marchand drapier, — qui connaissait beaucoup de monde et qui, propriétaire d'un jardin, avait pied, de ce fait, dans un Syndicat agricole.

Organisation des sections. — Grâce à lui, tout fut promptement préparé et mis en train dans la commune de Crest, et les statuts du Syndicat cantonal, qui comprenait toutes les communes des deux cantons, purent être déposés en janvier 1886. Chaque commune, ou groupe de communes rapprochées, formait une section du Syndicat, ayant sa vie propre, son bureau, sa caisse, tout en étant étroitement rattachée au Syndicat.

Quelques-uns de mes amis et moi, nous consacrâmes une partie de l'hiver de 1886 à parcourir la plupart des communes et à constituer les sections qui, toutes, devaient être représentées dans le Conseil du Syndicat.

Ai-je besoin de dire que partout nous fûmes cordialement accueillis ? On n'était pas, alors, accoutumé aux réunions comme on l'est aujourd'hui, elles étaient chose nouvelle, et c'est avec beaucoup d'empressement qu'on répondait aux convocations.

Partout aussi, nous rencontrions des hommes dévoués, actifs, intelligents, et ce fut grâce à leurs concours que les sections furent organisées et eurent, pendant plusieurs années, une vie des plus actives. Les assemblées, les fêtes s'y multipliaient, et le plus souvent, un ou plusieurs membres du Conseil du Syndicat y prenaient part. Hélas !... la plupart de ces bons ouvriers de la première heure ont disparu. De ces pionniers, je ne retrouve plus, aujourd'hui, avec mon ami Girardon, qui m'a remplacé dans la présidence du Syndicat des cantons de Crest, que quelques rares survivants, et parmi eux Gatien Almoric, qui ne tarda pas de nous amener Célestin Fraud et les Félibres.

Avec eux, il apportait à nos jeunes Syndicats un nouvel élément de prospérité et de rayonnement sur lequel j'aurai l'occasion de revenir.

Menus incidents. — Il y eut cependant, de-ci, de-là, quelques notes discordantes. A la suite d'une

réunion que j'avais faite à Suze, je reçus du maire
une longue lettre dans laquelle il me reprochait de
ne l'avoir pas avisé de la conférence que j'avais faite
dans sa commune et me demandait ce que j'étais
venu faire. Je me contentai de lui répondre poliment
que cela ne le regardait pas et notre correspondance
en resta là.

Un autre jour où nous défilions, tambour et musique en tête, dans l'unique rue d'un petit village,
pour aller de l'église à la salle de banquet, nous
fûmes arrêtés par le garde champêtre, qui, au nom
de M. le Maire, prétendit interdire à la musique de
jouer. Bien entendu, nous l'envoyâmes promener
aimablement, la musique joua de plus belle et nous
n'entendîmes plus parler de rien.

Pendant cette première année de l'organisation du
Syndicat, l'hiver fut exceptionnellement froid. Le
thermomètre descendit à — 10 et — 15° et la neige
tomba en abondance. Mais nous étions jeunes alors
et dans toute la ferveur de l'œuvre nouvelle. Rien
ne nous arrêtait.

Je me souviens qu'un jour où j'étais attendu à
Suze, la neige était tombée en abondance ; les membres du Syndicat, ne comptant plus sur moi, étaient
restés chez eux. Ils étaient cependant sur leurs gar-
des et avaient placé une vigie pour surveiller la
route. J'étais parti, mais la neige m'avait arrêté à
Blâcons où j'avais dû laisser ma voiture pour prendre
à pied la route de Suze. Je fus aperçu de loin, et nos
amis, prévenus en hâte de mon arrivée, n'hésitèrent

pas à quitter le coin du feu et arrivèrent à Suze en même temps que moi.

Une autre fois, la neige nous prit, mon ami Girardon et moi, entre Roynac et Saou. Nous devions, au passage, nous arrêter à Soyans. On ne nous y attendait plus avec un temps pareil, et lorsque nous arrivâmes au café où quelques-uns de nos amis étaient en train de se chauffer, celui d'entre eux qui nous ouvrit fut tellement surpris de nous voir arriver, qu'il se prit à trembler de tous ses membres.

De Soyans, nous pûmes arriver jusqu'à Saou où nous savions devoir trouver un bon gîte et une bonne table chez un de nos amis, M. Martin, qui avait la réputation d'un fin gourmet. Nous le trouvâmes occupé à arroser de son jus un superbe lièvre en train de cuire à une broche, actionnée par une chute d'eau minuscule, devant une vaste cheminée, où flambait un feu magnifique.

Nous fîmes honneur au feu d'abord, au lièvre ensuite, et réconfortés par cette double et bonne aubaine et par une excellente nuit dans un lit bien chaud, nous pouvions rentrer chez nous le lendemain par un temps plus clément.

§ II. — *Difficultés administratives.* — *Plainte du commerce.* — *Vérification des poids et mesures.*

Mauvaise humeur de MM. les maires vexés que nous nous soyons passés d'eux, froid et neige au cours de nos tournées, tout cela n'était que des incidents de minime importance, et si j'en ai rapporté quelques-uns au hasard de mes souvenirs, c'est pour montrer que nous n'avons pas toujours joué sur le velours.

Mais des dificultés plus sérieuses devaient survenir, suscitées par les progrès des Syndicats qui alarmaient certains commerçants, et par l'administration qui ne voyait pas sans déplaisir une œuvre utile, fondée en dehors d'elle, se développer et grandir.

Les premières tracasseries de l'Administration furent provoquées par une Société pour la protection du commerce, qui s'était formée à Marseille et qui saisit de ses protestations le sous-secrétaire d'Etat aux Finances, le pharmacien-député M. Peytral. Elle demandait aide et protection pour le commerce et l'assujettissement des Syndicats agricoles à la patente. M. Peytral saisit de l'affaire la direction générale des Contributions indirectes ; celle-ci tenta de faire comprendre au sous-secrétaire d'Etat que les Syndicats, ne réalisant aucun bénéfice, n'étaient pas imposables. Le sous-secrétaire d'Etat ne voulut rien savoir et prescrivit une enquête.

Entre temps, les Chambres de Commerce s'étaient associées aux attaques contre les Syndicats ; celle de Valence notamment avait saisi de ses réclamations M. Maurice Faure, député de Valence, qui les avait transmises au ministre du Commerce, et je reçus un jour une demande de rendez-vous à Crest d'un inspecteur qui me demandait communication des livres du Syndicat. Je me rendis au rendez-vous, mais refusai toute communication à l'inspecteur, et l'affaire en resta là.

Il n'en fut pas de même partout ; dans d'autres régions, des poursuites furent engagées contre les Syndicats, celui de Poligny notamment, qui avait organisé un restaurant, dans lequel les jours de foires et de marchés, les membres du Syndicat pouvaient prendre leurs repas à bon compte.

Il fut affirmé que trois personnes étrangères au Syndicat avaient profité du restaurant, et le fait, quoique inexact, mais visé dans un procès-verbal, fut retenu par la Cour de cassation et motiva la condamnation du Syndicat. Mais il résultait en définitive de cet arrêt que si aucun étranger n'avait bénéficié du restaurant, il n'y aurait pas eu matière à condamnation, et c'était reconnaître, dès lors, le droit des Syndicats de n'être pas soumis à la patente.

D'ailleurs, quelque temps après, le ministre du Commerce répondait à M. Maurice Faure. Il déclarait que, des enquêtes faites, il résultait que les Syndicats agricoles ne vendaient qu'à leurs membres, ne faisaient pas acte de commerce et par conséquent n'étaient pas imposables à la patente.

Ainsi se termina cette affaire qui avait traîné pendant deux ans.

Il arriva aussi que certains maires, appuyés par des procureurs de la République, imaginèrent d'exiger la liste des membres des Syndicats, contrairement aux prescriptions de la circulaire du 25 mars 1884. On la leur refusa, et maires et procureurs durent reconnaître que leurs prétentions n'étaient pas justifiées.

Après une accalmie de neuf à dix années, ce fut à propos de la vérification des poids et mesures que les Syndicats eurent de nouveau maille à partir avec l'Administration. Le préfet de la Drôme voulut les y assujettir; nous refusâmes de nous y soumettre en soutenant que si nous acceptions, nous reconnaîtrions, par là-même, que nous faisions acte de commerce. La vérification n'était, en effet, imposée qu'aux poids et mesures destinés ou servant au commerce.

Quand le vérificateur se présenta pour vérifier nos balances, je lui refusai l'entrée du Syndicat. Procès-verbal fut dressé contre son agent et un procès s'engagea. Je gagnai le premier et en perdis un second quelques mois plus tard, parce que, entre temps, d'autre Syndicats avaient été condamnés pour ce même refus par la Cour de cassation.

Je ne me tins pas pour battu et n'en formai pas moins un pourvoi contre le jugement qui m'avait condamné, afin de faire juger de nouveau cette question par la Cour de cassation (toutes Chambres réunies).

Mais avant que mon pourvoi ait été appelé, un décret soumettant les Syndicats à la vérification était pris par le gouvernement, après avis du Conseil d'Etat, et dès lors, la question était tranchée contre nous.

Au cours de ces procès, je m'étais donné du moins la satisfaction de protester devant le tribunal de paix, dans une salle bondée de spectateurs, contre les procédés de l'administration « dont les agents

passent leur temps à faire perdre celui des autres ».
J'ajoutai :

— Ils n'admettent aucune œuvre d'intiative et de liberté et ne comprennent pas qu'on puisse rien faire en dehors d'eux. Au lieu de tracasser les Syndicats agricoles et de les empêcher d'accomplir tranquillement leur besogne utile, ils feraient mieux de lire et méditer la circulaire de Waldeck-Rousseau, interprétative de la loi du 21 mars 1884, qui est la charte des Syndicats professionnels. Ils y verraient qu'il est prescrit aux préfets et à leurs agents de favoriser l'essor de l'esprit d'association, de le stimuler, de faciliter l'usage d'une loi de liberté, d'en rendre la pratique aisée ; qu'il n'y a dans la loi aucune disposition de nature à *justifier l'ingérence administrative* dans les Syndicats, etc., etc.

Mais en voilà assez pour démontrer le genre de concours que nous prêta l'Administration.

§ III. — *L'enseignement agricole.* — *Le premier bulletin des Syndicats d'Allex et de Crest.* — *Manuel des Syndicats agricoles.*

Ces mesquineries, ces tracasseries, ne nous empêchaient pas de poursuivre notre œuvre, de continuer nos réunions, nos conférences, et de nous en venger en rendant à certains agents de l'Administration, qui, d'ailleurs, ne partageaient pas ses antipathies contre nous, des services qu'ils ne nous refusaient pas.

C'est ainsi qu'un jour, le professeur d'agriculture de la Drôme, étant venu faire une conférence à Allex sans que j'en aie été informé, trouva la salle de la mairie absolument vide et ne vit arriver aucun auditeur pendant la demi-heure qu'il passa à les attendre.

Je le connaissais et avais pour lui beaucoup d'estime. Je le rencontrai à la sortie de la mairie et il me raconta sa mésaventure.

— Si vous n'avez pas eu d'auditeurs à la mairie, lui dis-je, voulez-vous venir à la salle du Syndicat ? Nous allons avoir une réunion dans une demi-heure et je suis sûr que les auditeurs ne vous feront pas défaut.

Il accepta, nous fit une très intéressante conférence et me dit en sortant :

— Je vous remercie de m'avoir procuré le plus bel auditoire que j'aie jamais eu dans mes tournées de conférences.

Je n'avais pas négligé, d'ailleurs, l'importante question de l'enseignement agricole dans les Syndicats, et pour faire accepter l'usage des engrais chimiques auquel, je l'ai dit déjà, nos cultivateurs étaient tout à fait réfractaires, je dus multiplier les conférences. Je leur disais que, s'ils avaient eu des déceptions autrefois en les employant, c'était qu'au lieu d'engrais on leur vendait n'importe quoi, que le Syndicat ferait analyser ceux qu'il achèterait et que la fraude ne serait plus possible. Je leur expliquais ensuite la nature des divers éléments de fertilité que contenaient les engrais, la façon dont on devait les employer et les quantités qui étaient néces-saires pour les diverses récoltes.

Ces conférences que j'avais faites au Syndicat d'Allex, je les renouvelai dans les sections du Syn-dicat de Crest et dans les autres Syndicats que j'avais fondés dans nos environs ; et bien entendu, je ne li-mitai pas le sujet de ces conférences aux engrais chimiques. J'y faisais place aussi à l'emploi des cépages américains pour la restauration du vignoble, à l'importance des semences sélectionnées, aux di-verses variétés de blé qu'il convenait d'essayer, aux instruments de culture perfectionnés, etc., etc.

Dans nos divers Syndicats, nous nous préoccupâ-mes aussi de l'enseignement agricole dans les écoles. Les directeurs de plusieurs écoles libres se prêtèrent à lui faire une place et il arriva parfois qu'il fut donné par un membre du Syndicat, les instituteurs n'étant pas préparés à le donner eux-mêmes.

C'est ce qui eut lieu notamment à l'école libre de Crest, où quelques leçons d'agriculture furent don-nées par le trésorier du Syndicat, M. Brun, qui com-posa pour ses élèves un excellent petit manuel d'en-seignement agricole.

Dans une section du Syndicat de Crest, à Roche-sur-Grane, pendant quelques années, M. Fraud or-ganisa un cours d'agriculture pendant les soirées d'hiver pour les jeunes gens de quatorze à vingt ans. Dans ce petit village de 250 habitants, il se trouva de 15 à 20 jeunes gens pour suivre ce cours. Ils venaient souvent de loin, apportant, chacun à son tour, le bois nécessaire au chauffage de la salle où avait lieu le cours.

Le printemps venu, une Commission d'examen fut constituée et interrogea une dizaine de ces élèves volontaires auxquels on donna, pour les récompenser, des prix d'une nature spéciale, clés anglaises, sécateurs, tondeuses, lanternes d'écurie, etc...

A la fin de l'année 1886, je commençai la publication d'un modeste bulletin pour les Syndicats d'Allex et de Crest. J'y donnai le résumé des conférences que j'avais faites à Allex et ailleurs sur les questions agricoles. Il ne paraissait que tous les deux mois.

En le parcourant, au moment où j'allais me mettre à écrire ces souvenirs, je vois que le rayon de notre action syndicale avait dépassé les limites des cantons de Crest et s'était étendu aux cantons voisins. C'est ainsi qu'en 1886 et 1887 avaient été fondés par mes amis et moi un bon nombre de Syndicats. Plusieurs n'ont pas eu une longue existence ou ont été englobés par un Syndicat voisin, mais nombre d'autres sont aujourd'hui encore très prospères, notamment ceux de Montvendre, Etoile et Livron.

Ce petit bulletin contribua beaucoup, avec les conférences, à activer l'emploi des engrais chimiques. Nous y faisions connaître les modes d'emploi, les résultats obtenus, et dans des articles très simples et clairs nous expliquions comment ils devaient être employés, quel engrais convenait à telle ou telle récolte, et quelle quantité il convenait de lui en donner.

Deux ans après, le bulletin fut complété par l'Almanach des Syndicats de la Drôme, qui fut publié pendant deux années, et ensuite par celui de l'Union du Sud-Est, dont la publication continue aujourd'hui encore. Il est devenu aujourd'hui bi-mensuel et a très avantageusement remplacé notre bulletin.

Dans les premières années des Syndicats, je recevais de nombreuses demandes de renseignements sur leur fondation et leur fonctionnement. Pour pouvoir plus aisément y répondre, je rédigeai un petit manuel qui contenait des renseignements aussi complets que possible sur l'application de la loi du 21 mars 1884. Sa publication obtint un certain succès. Plusieurs éditions furent nécessaires et la Société des Agriculteurs de France l'honora d'une médaille d'or. Emile Duport voulut bien me donner une préface pour la troisième édition. Il a été réédité ensuite par l'Action Populaire de Reims et traduit en plusieurs langues.

§ IV. — *Les syndicats agricoles et la Société des Agriculteurs de France. — Fondation de l'Union Centrale ; Fondation de l'Union de la Drôme et de l'Union du Sud-Est.*

Ces souvenirs sont bien lointains et jusqu'à présent bien locaux et bien personnels, mais dans ces premières années, en même temps que nous nous appliquions à faire connaître les Syndicats autour de nous, nous faisions notre propre apprentissage, nous nous efforcions de nous instruire nous-mêmes, et notre action ne pouvait s'exercer que dans un cadre relativement restreint.

Aussi bien, ce n'était pas seulement dans ce petit coin de notre Dauphiné que des Syndicats s'étaient formés. D'autres agriculteurs, dans leur rayon personnel, avaient fait comme nous et mieux que nous.

La nécessité de l'association se faisait tellement sentir, paraissait si urgente pour enrayer et réparer les désastres de la crise agricole qui sévissait depuis plusieurs années, que, dès avant la loi de 1884, en 1883, un professeur d'agriculture des plus avisés, M. Tauviray, avait fondé un Syndicat agricole dans le département du Loir-et-Cher.

En 1885, la question des Syndicats fut portée à la tribune de la Société des Agriculteurs de France, lors de son Assemblée générale, par un membre éminent de son Conseil, M. Deusy. Dans un discours plein d'humour et de finesse normande, il exposa à ses collègues le parti que les agriculteurs pourraient tirer de la loi du 21 mars 1884, pour la défense de leurs intérêts professionnels et au point de vue de la paix sociale et de l'amélioration de la situation de l'agriculture.

Sa parole eut un grand retentissement en France et surtout parmi les membres de la Société. Dès l'année d'après, l'Union Centrale et le Syndicat central des Agriculteurs de France — deux jumeaux qui devaient, hélas ! se brouiller — étaient fondés à Paris, sous la présidence de M. Le Trésor de la Roque et de M. Welche.

L'Union avait pour but de grouper les Syndicats des diverses provinces et le Syndicat central de jouer pour eux le rôle d'une Coopérative, en leur procurant tout ce qui pouvait leur être utile pour l'exercice de la profession agricole.

Les Unions n'allaient pas tarder de se multiplier en se régionalisant. Dans notre région, en 1887, c'était la fondation de l'Union de la Drôme, fondée par M. de Fontgalland et les présidents des Syndicats du département, et en 1888, celle de l'Union du Sud-Est dont Emile Duport, Antonin Guinand et Léon Riboud, qui avaient fondé des Syndicats dans le Rhône, furent les promoteurs. M. de Saint-Victor en fut le premier président. Tous les trois, ils vinrent nous voir à Valence, vers la fin de 1888, pour nous faire part de leurs projets. Nous accueillîmes avec empressement leur proposition et ils emportèrent l'assurance de notre entière adhésion à leur Union.

Peu de jours après, l'Union du Sud-Est était fondée. Elle ne tarda pas à se développer et à voir les adhésions de Syndicats lui arriver de plus en plus nombreuses, attirés qu'ils étaient par la multiplicité des services qu'elle leur rendait, et la variété des institutions qu'elle devait fonder peu à peu : Caisse régionale de crédit, Coopérative, Caisse d'assurances contre l'incendie, contre les accidents, la mortalité du bétail, etc., sans compter la force qu'elle leur apportait pour la défense des intérêts généraux de l'agriculture, en leur permettant d'avoir accès, par son intermédiaire, auprès des pouvoirs publics, et de se faire entendre par les grandes Commissions parlementaires.

C'était un grand pas fait vers la représentation des intérêts agricoles dont on réclamait, depuis des années et des années, la réalisation par la création des Chambres d'agriculture.

CHAPITRE TROISIÈME

Les Syndicats agricoles
et la représentation professionnelle

---

§ I. — *La représentation des professions par les Syndicats.*

Cette idée de la représentation par les associations avait trouvé une occasion de s'affirmer quelques semaines avant la visite de nos amis de Lyon, par la participation des Syndicats du Dauphiné à une tentative que nous avions faite et devions à deux reprises renouveler, pour instituer une représentation permanente des diverses professions dans notre province.

Dans le milieu de catholiques sociaux auquel j'appartenais depuis longtemps déjà, et dans lequel j'avais puisé l'idée de fonder des associations à la campagne, on se préoccupait activement de préciser, en même temps que les conditions de la fondation et de l'organisation des groupements professionnels, le rôle qu'elles pourraient être appelées à jouer dans la vie sociale et même politique — au sens large du mot — du pays.

Le parlementarisme traversait à ce moment-là (1887-1888) une crise grave : le trafic des décorations par le gendre du président de la République, l'affaire du Panama, d'autres circonstances encore, avaient jeté le discrédit sur les parlementaires et sur le Parlement, tel qu'il était recruté.

La question ouvrière, les conflits entre patrons et ouvriers étaient de plus en plus fréquents. Le malaise était général et n'allait pas tarder de se manifester et de se traduire par la regrettable aventure du boulangisme.

§ II. — *La commémoration de l'Assemblée de Vizille de 1788.*

Mais on n'en était pas encore là, lorsque en 1888, la célébration des Etats de Vizille et de Romans, tenus en 1788 et dont le parti au pouvoir annonçait et préparait la célébration solennelle, en les représentant comme le point de départ de la Révolution de 1789, vint nous fournir une excellente occasion de passer de la théorie de la représentation professionnelle, que nous élaborions dans les Comités de l'Œuvre des Cercles catholiques d'ouvriers, à la mise en pratique de cette représentation, en orientant vers un essai de sa réalisation nos jeunes Syndicats agricoles.

Ce furent d'abord des Comités politiques qui prirent la décision d'opposer à la célébration révolutionnaire du centenaire de l'assemblée de Vizille une célébration plus conforme à la réalité des faits comme aux sentiments de ceux qui y avaient pris part en 1788.

Faire de l'assemblée de Vizille une assemblée de révolutionnaires, c'était commettre une erreur historique contre laquelle avaient le devoir de protester les descendants des anciens députés et qu'il importait aux amis de la vérité historique de rectifier.

La manifestation organisée dans ce double but eut lieu à Grenoble en juillet 1888. Elle consista dans un service religieux pour les anciens députés de Vizille, à la suite duquel un banquet réunit, avec un grand nombre de leurs descendants, les Dauphinois qui avaient à cœur de montrer sous leur vrai jour les revendications et les doléances formulées à Vizille, et les vrais sentiments de ceux qui les avaient exprimées.

J'eus l'honneur d'être invité à prendre la parole au banquet, pour rétablir la vérité historique et préciser les conditions dans lesquelles avait eu lieu l'assemblée de Vizille, dont la spontanéité et quelques irrégularités dans sa convocation, ne suffisaient pas à faire une assemblée révolutionnaire.

Je m'acquittai de mon mieux de cette tâche, et, la rectification faite, j'ajoutai ce qui suit :

Il ne doit pas nous suffire de protester contre les falsifications de l'histoire et de refuser pour nos pères des hommages qu'ils auraient répudiés avec indignation.

Nous leur devons davantage !... Nous nous devons à nous-mêmes de montrer que nous sommes leurs vrais héritiers, que nous voulons être les continuateurs de leur œuvre et reprendre le magnifique mouvement de réformes qu'ils avaient préparées et que les violences et les crimes de la Révolution ont empêché et empêchent encore d'aboutir.

Et ne vous semble-t-il pas, Messieurs, que le meilleur moyen de mener à bien cette grande entreprise serait d'emprunter à nos pères leurs procédés et leurs méthodes, de préparer les cahiers de 1889 comme ils préparèrent ceux de 1789 ; de provoquer une réunion des représentants de toutes les professions, de toutes les forces sociales du pays, de la religion, de la justice, des carrières libérales, de l'agriculture, du commerce, de l'industrie, et, dans cette réunion, qui serait comme une nouvelle tenue de nos Etats, de rédiger les cahiers de toutes les doléances, de tous les besoins, de toutes les revendications ?

Je veux espérer, je veux croire que cette idée, dont je ne suis ici que l'écho, deviendra une réalité, et que nous pourrons, à l'un des anniversaires des assemblées de Romans, dont celle de Vizille fut comme la préface, vous convier aux Etats du Dauphiné de 1888.

§ III. — *L'Assemblée de Romans de 1888. — Adhésion des syndicats agricoles. — Discours d'Albert de MUN sur le rôle des Syndicats dans la représentation des professions.*

Cette idée de la célébration du centenaire des Etats de Romans de 1788, qui avaient précédé et préparé la convocation des Etats Généraux de 1789, pour en faire un renouveau de la représentation professionnelle, ne m'appartenait pas. Je ne fus, en l'occurence, que le porte-parole de l'Œuvre des Cercles catholiques d'ouvriers, et tout spécialement de celui qui y était le maître de la doctrine sociale, mon excellent ami le lieutenant-colonel de La Tour du Pin Chambly La Charce.

Et je ne peux mieux faire pour préciser ce que devait être, dans notre pensée, l'assemblée que nous nous proposions de tenir à Romans, que de reproduire un court passage du mémoire qu'il adressa aux promoteurs des nouveaux Etats du Dauphiné.

Après avoir rappelé ce qu'avaient été les Etats dans le passé et le rôle qu'ils avaient joué, il ajouta un dernier paragraphe sous ce titre : *Du rôle actuel du principe d'association et des Etats pour en être l'expression.*

Il affirmait d'abord que l'esprit d'association n'était pas mort en France, comme certains le prétendaient, et il en donnait pour preuve, entre autres, la formation spontanée d'une multitude de Syndicats professionnels agricoles et industriels patronaux et ouvriers. Puis il constatait que cet esprit d'association avait perdu la plupart de ses formes historiques et se traduisait plus souvent en formes confuses et même dangereuses. Il importait de les faire rentrer dans la voie historique.

Voici comment m'apparaît cette marche : il y a, de par une nécessité qui croît avec la civilisation, des ordres de fonctions sociales diverses. On pouvait n'en distinguer que trois dans les siècles passés : ordre ues services moraux que rendait le clergé par le ministère religieux, par l'enseignement, par la charité faite au nom de Dieu ; puis l'ordre des services politiques, comme la magistrature, l'armée, l'administration, que rendait surtout la noblesse ou qui conduisaient à l'acquérir ; enfin, l'ordre économique, comme l'agriculture, l'industrie, le commerce et nombre de professions, dites libérales, qui en sont les auxiliaires : cet ordre devait s'appeler le troisième ordre — le Tiers-Etat, — parce qu'il avait été organisé, en effet, le dernier dans le progrès de la civilisation, mais il n'était pour cela ni le moins considérable ni le moins digne de considération.

Que l'on ne rentre pas aujourd'hui dans ce cadre organique de la même façon ; que, dans une société plus complexe, on donne une plus grande part à la diversité des fonctions, et, dans chaque groupement, à chaque sorte d'entre elles, rien de plus rationnel. Mais rien ne serait moins rationnel que de continuer à refuser à chaque sorte d'éléments et à chaque groupe de fonctions sociales la reconnaissance de son existence de fait et, par suite, de son droit à l'existence légale et à sa représentation politique..

Les nouveaux Etats dauphinois qui vont se réunir à Romans présenteront une constitution identique — celle même d'où vient le nom d'Etats, — par corps d'états, à la faveur de laquelle chacun de ces états, de ces ordres de fonctions sociales, traduiront les résultats d'une première enquête sur la situation de chacun d'eux par des *cahiers* où se formuleront leurs premières doléances et revendications.

Ainsi ils prépareront à faire sortir de leur réunion momentanée la pensée et l'organisation d'associations permanentes dans chaque corps d'Etat, pour étudier ensemble les intérêts de la profession et revendiquer les satisfactions qu'elle comporte. Enfin, ils pourront désigner des délégués pour les représenter à des *Etats généraux* de toute la France.

Aucun de ces Etats ne saurait rompre avec le principe qui est aujourd'hui — comme il l'était au temps des anciens Etats — la base de toutes nos institutions, je veux dire le suffrage universel.

Les Syndicats agricoles à l'assemblée de Romans. — La politique de parti étant nettement écartée de l'Assemblée de Romans, et les nouveaux Etats ne devant avoir qu'un caractère commémoratif et ne constituer qu'un hommage rendu à la mémoire des députés aux Etats de 1788, sous la forme d'une assemblée représentative, les Syndicats agricoles, pas plus que les autres groupements professionnels, n'avaient aucun motif de s'abstenir d'y prendre part. Ils y envoyèrent donc leurs délégués et, disons-le tout de suite, ils donnèrent l'impression que la profession agricole était, en somme, la mieux organisée et la plus apte à démontrer, par les faits, que la représentation professionnelle offrait le moyen le meilleur et le plus sûr pour constituer une représentation sincère et complète des droits et des intérêts de l'ensemble des citoyens, et partant, de la nation.

Car, avec le suffrage universel tel qu'il fonctionne aujourd'hui, avec des collèges électoraux disparaissant le soir même de l'élection, et dans lesquels les intérêts les plus divers et souvent les plus contradictoires se rencontrent au hasard des circonscriptions, qui donc peut se dire vraiment, réellement représenté ? Personne. Non, personne, au point de vue le plus essentiel pourtant de ses droits, de ses intérêts, de ses fonctions, de sa profession, de ce qui constitue l'existence même de l'homme, personne n'est représenté, il n'y a que les partis, les passions politiques qui le soient, et ce n'est pas de cela que vit un pays.

Il n'y a pas lieu de donner ici un compte-rendu complet de l'Assemblée de Romans ; il me paraît bon, cependant, d'en dire un mot et d'en rappeler les grandes lignes. Elle commença par un service solennel pour les députés aux Etats de 1788 célébré dans l'antique collégiale de Saint-Barnard, trop étroite pour contenir la foule qui s'y pressait.

La messe fut dite par M. l'abbé Barnave, petit-neveu de l'ancien membre de la Constituante, qui avait siégé aussi aux Etats de Romans. Mgr de Cabrières, évêques de Montpellier, petits-fils d'un des membres de l'Assemblée de 1788, prononça un magnifique discours, au cours duquel, après avoir rappelé les liens qui le rattachaient au Dauphiné, il esquissa à grands traits, l'œuvre des Etats de Romans, et mit en une vive lumière, avec autant d'exactitude que d'impartialité, les résultats de leurs délibérations. Il montra tout ce qu'il y avait de généreux, d'amour du bien, de dévouement au roi et à la patrie dans le cœur de ses membres, « une seule chose leur manqua, hélas ! ajouta-t-il, le sentiment chrétien. Ils ne parlaient des maux présents que

pour saluer les consolations d'un prochain avenir.
Ni Dieu, ni son Christ, ni son Eglise, ne paraissaient
les occuper ».

Une absoute solennelle fut ensuite donnée par
Mgr Cotton, évêque de Valence, assisté de Mgr Gou-
the Soulard, archevêque d'Aix, et de Mgr Fava,
évêque de Grenoble, et les bénédictions de Dieu
descendirent sur ce catafalque qui, suivant la belle
expression de Charles Jacquier, « semblait au travers des fleurs s'ouvrir comme un berceau ».

Après la cérémonie et un repas en commun auquel prirent part tous les membres de l'Assemblée,
une première réunion générale des nouveaux Etats
fut tenue sous la présidence du fils d'un ancien
député aux Etats de 1788, M. Augustin Roche. Le
bureau définitif fut constitué avec le général Saint-
Cyr Nugues comme président, et les membres de
l'Assemblée furent répartis dans les diverses Commissions qui se mirent immédiatement au travail.

La Commission d'agriculture fut présidée par
M. de Fontgalland, président de l'Union de la Drôme
et du Syndicat de Die. Les Syndicats agricoles de la
région avaient reçu un questionnaire, auquel ils répondirent pour la plupart. L'examen et la discussion
de ces réponses firent l'objet des travaux de la Commission, dont les conclusions rapportées par
M. Pierre Girardon, vice-président du Syndicat des
cantons de Crest, furent résumées dans une série
de vœux que ratifia l'Assemblée générale des Etats
à laquelle ils furent soumis.

Voici quelques-uns de ces vœux :

Restauration de l'autorité paternelle dans la famille ;

Enseignement de la loi de Dieu dans les écoles ;

Respect des droits du père de famille dans tout ce qui concerne l'instruction et l'éducation de ses enfants ;

Protection de la petite propriété, et pour assurer sa conservation dans la famille, diminution des droits sur les soultes de partage et des frais de justice, dans les partages des biens de mineurs ;

Protection des produits nationaux en frappant les produits étrangers d'un droit d'entrée équivalent à l'impôt payé par les produits similaires français ;

Développement des Syndicats agricoles en leur facilitant la constitution d'un patrimoine, et en leur accordant sans restriction le droit d'acquérir et de posséder ;

Modification des lois électorales, de telle sorte que tous les intérêts, et notamment les intérêts agricoles, soient représentés dans les assemblées électives, afin que le suffrage universel aboutisse véritablement à la représentation universelle.

Ce dernier vœu était le complément de la déclaration qu'à la séance précédente avait fait acclamer M. de la Tour du Pin, au nom de la Commission des intérêts publics, et que voici :

En dehors du régime représentatif, assis sur le fonctionnement de corps professionnels, organisés et perpétuels, il n'y a aucune assise ni aucune garantie pour les libertés publiques ;

Comme nul droit ni nul intérêt ne doivent être dépourvus de représentation, il faut établir dans les corps électoraux celle des femmes qui, n'ayant pas de chef de far ille, sont propriétaires, patentées brevetées, ou tutrices de leurs enfants.

Cette idée de la représentation de tous les droits et de tous les intérêts, qui avait inspiré la convocation de cette Assemblée et avait animé ses délibérations, allait être affirmée de nouveau et mise en vive lumière par Albert de Mun, qui avait bien voulu accepter d'en prononcer le discours de clôture.

Il était alors député d'un département breton, et c'est en souvenir de l'écho qu'avaient trouvé en 1788, en Bretagne, les revendications du Dauphiné, que nous lui avions demandé de prendre part à l'Assemblée de Romans.

Ce discours est un des plus beaux qu'il ait prononcés. Il fut le couronnement de notre belle assemblée et produisit une impression intense et profonde sur son vaste auditoire, qui l'accueillit avec un indescriptible enthousiasme.

Je voudrais pouvoir le reproduire *in extenso*, car il est toujours d'actualité ; en voici du moins quelques passages :

M. de Mun passa en revue les doléances et les revendications contenues dans les cahiers des Assemblées provinciales de 1788 et 1789, et il constata que les réformes déjà réalisées par Louis XVI et complétées par sa déclaration du 23 juin aux Etats généraux leur donnaient entière satisfaction. Et cette constatation faite, il s'écria :

« N'est-il pas vrai, Messieurs, que l'esprit reste confondu devant ce terrible rapprochement entre ce qui pouvait se faire et ce qui s'est fait, et qu'il y a une évidence qui saute aux yeux, c'est que les hommes qui voulaient honnêtement des réformes, comme Mounier, ont été trompés par ceux qui voulaient, non pas des réformes, mais une révolution ? Et il y a un mot qui jette sur toute cette époque une lumière éclatante, c'est celui de Mirabeau, le 23 juin, quand le roi venait de se retirer, ayant donné dans sa déclaration toutes les réformes qui répondaient aux vœux des cahiers, et qu'alors, se levant, devant l'Assemblée émue, indécise et troublée, il s'écria :

« Ce que vous venez d'entendre pourrait être le salut de la nation, si les présents du despotisme n'étaient toujours dangereux.

« Parole trompeuse.... parole fatale, qui décida du sort de la France, que sans doute, celui qui les prononça dût amèrement pleurer dans le secret de son cœur quand, effrayé des progrès dévorants du torrent qu'il avait déchaîné, il laissait tomber à son lit de mort ce lamentable aveu de sa clairvoyance :

« J'emporte avec moi le deuil de la monarchie, les factions s'en disputeront les lambeaux ».

M. de Mun examina ensuite la situation actuelle de la France et, cet examen fait, il put conclure :

— Partout, le malaise, la souffrance, la désillusion, qui éclatent dans les récriminations violentes du peuple trompé, ou dans les aveux plaintifs des politiques déçus.

Et, citant un sociologue distingué, Emile Monte
gut, il s'appropria sa conclusion :

La banqueroute de la Révolution française est désormais un fait accompli, irrévocable... de quelque côté
qu'on regarde, c'est l'avortement complet.

Et la cause du mal, il la signalait dans ces mots :

— Partout, autour de nous, du haut en bas de l'échelle
sociale, il n'y a que des individus isolés en face de l'Etat,
la Révolution a créé cet état de choses, ou du moins
elle l'a officiellement consacré.

Et plus loin :

— Autrefois, il y avait des ordres dans l'Etat ; aujour-
d'hui, il n'y en a plus, mais il y a et il y aura de plus en
plus des professions. C'est sur elles que peut reposer désormais l'organisation sociale, elles qui peuvent, par
une initiative courageuse, sagement conduite et favorisée
par la législation, devenir des corps permanents, chargés de représenter les individus et de parler pour eux.

Et répondant à ceux qui prétendent que l'esprit
d'association est mort, il déclarait que les faits pro-
testent contre cet arrêt irréfléchi :

— C'est l'esprit d'association qui a arraché aux pouvoirs publics l'abrogation de la loi fatale de 1791, la res-
titution du droit d'association professionnelle, la reconnaissance des Syndicats industriels, patronaux et ouvriers... C'est lui qui a fait en deux ans germer d'un bout
à l'autre de la France ces Syndicats agricoles sans nombre, devenus aujourd'hui une puissance, et dont je salue

en vous, mon cher Gailhard, l'un des plus infatigables et généreux promoteurs.

Arrivé au terme de son discours, M. de Mun rappela le cri de guerre poussé dix ans auparavant, à Romans même, par Gambetta : « Le cléricalisme, voilà l'ennemi ! » et y répondit par cet autre cri :

— *Le parlementarisme, voilà l'ennemi.* Le parlementarisme, c'est l'ennemi, c'est-à-dire que le pays veut en finir avec un régime fondé sur les passions, sur les rivalités politiques et sur les ambitions personnelles, c'est-à-dire que le pays veut un régime qui protège ses intérêts, qui garantisse ses droits, qui donne satisfaction à ses besoins.

Et il termina en annonçant pour l'année d'après la tenue de nombreuses assemblées provinciales, qui enverraient à une Assemblée générale, à Paris, leurs délégués pour dresser dans une consultation commune les cahiers des doléances et des revendications de la France entière.

Si j'ai insisté, un peu longuement peut-être, sur l'Assemblée de Romans, c'est que les Syndicats agricoles y tinrent une large place et contribuèrent plus que toutes les autres professions à lui donner un caractère vraiment représentatif.

Assurément, elle comptait parmi ses membres des industriels, des commerçants, des patrons, des ouvriers, mais ils n'avaient pas été délégués, comme les agriculteurs, par des groupements professionnels ; ils étaient là, pour la plupart, à titre individuel, et à part certains membres de Chambres de commerce, de Syndicats patronaux ou ouvriers, ne représentaient que leurs industries personnelles, tandis que les agriculteurs représentaient réellement les membres de leurs associations, dont quelques-unes étaient très nombreuses.

L'Assemblée leur fit un accueil particulièrement bienveillant et elle fut en même temps pour les Syndicats agricoles, le point de départ d'un nouveau progrès dans le Dauphiné et dans les régions voisines. Bien des membres de l'Assemblée qui ne les connaissaient pas apprirent à les connaître, et, revenus chez eux, s'empressèrent d'en fonder.

En terminant son superbe discours, M. de Mun avait convié l'Assemblée à désigner ses délégués aux Etats généraux que l'Œuvre des Cercles catholiques d'ouvriers se proposait de tenir à Paris, au mois de juin 1889.

§ IV. — *Les Assemblées provinciales de 1889.* — *L'Assemblée générale de leurs délégués à Paris, en Juin 1889.* — *Les Assemblées de Romans (1891) ; de Voiron (1893).* — *L'obstruction maçonnique.* — *Une soirée au Comité socialiste de Romans.*

L'Assemblée eut lieu à la date fixée et fut très brillante. Elle fut ouverte par l'un des délégués des Etats de Romans, M. Augustin Roche, qui avait, je l'ai déjà dit, ouvert cette première Assemblée provinciale comme fils d'un député aux Etats de 1788.

Le compte-rendu de cette Assemblée, qui dura trois jours, ne rentre pas dans le cadre de ces souvenirs. Il me suffira de dire que l'Assemblée fut unanime à demander la substitution du régime représentatif au parlementarisme et l'institution de la représentation de tous les droits et de tous les intérêts coordonnés et définis. Elle fit aussi une large place aux questions agricoles.

J'eus l'honneur d'être désigné comme rapporteur de la Commission d'agriculture, et le premier vœu que je demandais à l'Assemblée de voter fut celui de Romans, relatif aux Syndicats agricoles. De ceux qui furent adoptés ensuite, je ne retiendrai qu'un seul, dont le Parlement ne devait pas tarder de prendre en considération le principe, et de s'inspirer, le moment venu.

Il était relatif à la création par les Syndicats de Caisses de crédit mutuel agricole, à la mise à la disposition de ces Caisses des fonds des Caisses d'épargne et à la condition à imposer à la Banque de France, lors du renouvellement de son privilège, de mettre ses services à la portée des agriculteurs, sans les obliger à commercialiser leurs opérations pour pouvoir en profiter.

Il m'a paru bon de signaler ce vœu pour montrer que nous fûmes des premiers à attirer l'attention des pouvoirs publics sur la question du crédit agricole et sur l'occasion qui s'offrait à eux de mettre à profit le renouvellement du privilège de la Banque de

France, pour exiger d'elle qu'elle n'ignorât plus les agriculteurs et leur facilitât le crédit.

Il faut en convenir, l'idée de la périodicité des Assemblées provinciales n'a pas eu le succès que celui des Assemblées de Romans et de celles qui suivirent paraissait promettre. Après la tenue solennelle des Etats généraux, à Paris, elle ne fut reprise nulle part, sauf en Dauphiné, où nous eûmes encore deux Assemblées très réussies, sous le titre d'*Etats libres du Dauphiné*, l'une à Romans en 1891, l'autre à Voiron en 1893.

Dans ces deux Assemblées, les questions agricoles tinrent encore une large place, et les délégués des Syndicats agricoles contribuèrent encore beaucoup à leur succès.

A Romans, ils émirent un vœu en faveur de la constitution des Chambres d'agriculture, nommées par les Syndicats et autres Sociétés agricoles, déclarant néanmoins accepter, si ce mode de nomination n'était pas immédiatement réalisable, tout autre système électoral.

A Voiron, ils demandèrent dans un vœu que leurs délégués et ceux des Syndicats des autres professions fussent électeurs dans les collèges électoraux chargés de nommer les membres du Sénat avec les délégués des Conseils municipaux[1], et qu'en atten-

---

1. Cette idée fut reprise en 1898 par l'abbé Lemire et Paul Deschanel, à la Chambre des députés. « Peut-être y a-t-il un instinct juste, une vue d'avenir, dit Paul Deschanel, dans cette conception qui consiste à donner une part dans la représentation non seulement aux individus, aux personnes

dant, les pouvoirs publics fussent tenus de consulte
les Syndicats dans toutes les questions où seraient e
jeu les intérêts de la profession.

Je devais, près de dix ans après, en 1901, obteni
de la Chambre des députés la réalisation de la se
conde partie de ce vœu. Je dirai, dans la suite de ce
pages, dans quelles circonstances et à quelle occa
sion j'obtins ce vote.

Mieux que nos amis, peut-être, les adversaires d
nos idées sociales comprirent la portée des *Etat
libres* et de la représentation professionnelle don
les Etats poursuivaient la réalisation ; aussi tentè
rent-ils de leur faire de l'obstruction et d'en arrête
le développement.

C'est ainsi qu'à Voiron, où la tenue des Etat
libres avait éveillé la curiosité et l'intérêt de la popu
lation ouvrière, la Loge maçonnique imagina, pou
empêcher les ouvriers d'assister à notre réunion, d
les convoquer à la même heure à un rassemblemen
général sur la place publique pour les conduire de
là à une réunion privée à la mairie de la ville.

Nous répondîmes à cette provocation et à l'affiche
qui invitait les ouvriers à cette réunion en y joignant
de violentes attaques contre notre Œuvre des Etats,
et nous ajoutâmes : « Puisque vous ne voulez pas
par une protestation aussi courtoise qu'énergique,

éphémères, mais aux personnes morales, à ces corps organisés, à ces groupes sociaux, intermédiaires entre l'individu
et l'Etat, qui sont la meilleure garantie dans la liberté politique ».

venir chez nous, nous vous demandons de nous recevoir et d'entendre chez vous les explications que nous estimons utile de vous donner sur les Etats libres auxquels vous refusez de prendre part. » Et nous offrîmes un rendez-vous pour le lendemain soir.

Notre offre ne fut pas acceptée par les Syndicats ouvriers de Voiron, dominés et dirigés par la Loge. Mais, par contre, le Comité socialiste de Romans, plus indépendant sans doute, nous demanda, à M. de la Tour du Pin et à moi, de venir passer une soirée avec ses membres, pour leur exposer nos idées sur diverses questions sociales. Bien entendu, nous acceptâmes l'invitation et, à notre retour de Voiron, nous fîmes halte à Romans.

Nous nous dirigeâmes à l'heure fixée vers la maison où le Comité socialiste tenait ses réunions. Nous y fûmes très aimablement accueillis par le président qui vint nous ouvrir lui-même et nous présenta à ses collègues assemblés dans une grande salle tendue de rouge, et dont les murs étaient ornés de divers emblèmes maçonniques et autres.

Nous nous entretînmes pendant deux grandes heures des diverses questions qui nous amenaient. La discussion fut à la fois très vivante et très courtoise ; on nous offrit une tasse de thé et nous nous séparâmes en nous serrant la main. Très aimable jusqu'au bout, le président nous reconduisit jusqu'à la porte de la maison en nous remerciant d'avoir accepté son invitation.

L'impression qui se dégagea pour nous de cette

rencontre avec un groupe socialiste fut que si les ouvriers n'étaient pas embrigadés et maintenus dans leurs groupements par une force occulte qui pèse sur eux, il ne serait pas trop difficile de s'entendre avec eux et de les amener à une compréhension plus exacte de leurs vrais intérêts et de l'intérêt général du pays, et de leur faire comprendre la nécessité et les grands avantages d'une organisation rationnelle du capital et du travail.

§ V. — *Les Syndicats agricoles et les droits de douane en 1892.*

Dans l'intervalle des dernières sessions que devaient tenir les Etats libres du Dauphiné, de 1888 à 1893, les Syndicats agricoles avaient eu l'occasion de jouer un rôle représentatif de leur profession et de réaliser eux-mêmes les vœux qu'ils avaient émis, en intervenant auprès des pouvoirs publics pour défendre les intérêts de l'agriculture gravement compromis, à ce moment-là, par la situation particulièrement difficile qui leur était faite par les tarifs douaniers.

En 1891, les Chambres eurent à s'occuper de la révision de ces tarifs, si importants pour la sauvegarde des intérêts économiques d'un pays. Elles avaient été saisies de cette grave question à l'occasion des traités de commerce qui arrivaient à échéance et qu'il s'agissait de renouveler.

Dans les traités précédents, les produits agricoles

avaient été sacrifiés. Ces traités avaient laissé l'accès
de nos marchés trop largement ouvert aux produits
agricoles étrangers, blés, bétail, etc., sans qu'ils
eussent à supporter, sous la forme de droits de
douane, à leur entrée, leur part dans les charges qui
grevaient les produits nationaux. Entre ces produits
et ceux du sol national, la concurrence était donc
inégale, et il était urgent de rétablir l'équilibre en
les frappant de droits d'entrée équivalents à l'impôt
que payait en France la propriété foncière, impôt
qui était acquitté par les revenus du sol.

Il se trouva, à la Chambre, un député éminent,
M. Méline, qui comprit l'importance capitale qu'il y
avait pour le pays à venir au secours de l'agriculture. Grâce à lui, les Syndicats agricoles purent, par
l'intermédiaire de leurs Unions régionales, déjà
nombreuses et puissantes, et de l'Union centrale,
se joindre aux anciennes Sociétés agricoles, comme
la Société des agriculteurs de France, pour porter à
la Commission des douanes de la Chambre les doléances et les revendications des populations rurales
et constituer ainsi, avec ces Sociétés, une représentation compétente des intérêts de l'agriculture.

L'intervention des délégués de ceux qui cultivent
eux-mêmes la terre apporta, aux démarches des
grandes Associations, qui représentaient plutôt ceux
qui la possèdent, un concours qui en accrut singulièrement l'autorité et l'influence. Les légitimes et
unanimes revendications des agriculteurs, grands et
petits, furent entendues par les pouvoirs publics ;
dans les nouveaux traités de commerce, les droits

d'entrée sur les produits agricoles furent largement relevés, et devinrent réellement compensateurs des charges dont l'impôt grevait les produits français. L'équilibre était donc rétabli ; des prix rémunérateurs leur étaient asurés, et l'agriculture tout entière pouvait entrevoir des temps meilleurs.

§ VI. — *Le Congrès National des Syndicats à Lyon, en 1894.*

Deux ans après, une autre circonstance ne tarda pas de s'offrir aux Syndicats agricoles, d'affirmer leur progrès et leur cohésion. A l'occasion d'une Exposition qui devait avoir lieu à Lyon, il fut décidé qu'un Congrès national des Syndicats agricoles y serait tenu au cours de l'Exposition, et que tous les Syndicats seraient invités à s'y faire représenter par des délégués.

C'était, on peut le dire, un véritable essai de mobilisation des forces syndicales, et ce premier essai eut un plein succès.

L'Union du Sud-Est, dont j'ai raconté déjà la fondation et qui, depuis 1888, avait pris un grand développement, fut chargée d'organiser ce Congrès. Son distingué et déjà très aimé président, Emile Duport, admirablement secondé par ses fidèles lieutenants, Antonin Guinand et Léon Riboud, se mit de suite à la besogne, et n'épargna rien pour préparer le Congrès et lui donner le plus grand éclat possible

Leurs efforts furent couronnés d'un magnifique succès. Plus de 400 Syndicats répondirent à leur appel de tous les points de la France, et envoyèrent leurs délégués à Lyon. Trois jours durant, ceux-ci, avec un admirable empressement, assistèrent aux réunions, étudièrent et discutèrent les importantes questions qui figuraient à l'ordre du jour : Organisation et fonctionnement des Syndicats agricoles, les services professionnels, économiques, sociaux qu'ils peuvent rendre. Représentation professionnelle. Crédit et coopération agricoles.

Les réunions furent présidées par d'importantes personnalités : MM. Le Trésor de La Roque, président de l'Union centrale ; M. Ed. Aynard, député du Rhône ; M. Senart, vice-président de l'Union centrale, ancien président de Chambre à la Cour de Paris.

Des rapports sur toutes les questions furent présentés. J'avais été chargé d'en faire un sur l'assistance et la prévoyance dans les Syndicats, et signalai les immenses services que les assurances contre la maladie, les accidents, la vieillesse, le chômage, l'incendie, pourraient rendre aux agriculteurs, si elles étaient mises à leur portée dans des conditions qui leur en rendissent la pratique facile.

N'est-ce pas, en somme, ce que les agriculteurs, aujourd'hui encore, sont unanimes à réclamer, lorsqu'ils demandent que l'Etat ne leur impose pas cet ensemble d'assurances, dites assurances sociales, établies et dirigées par lui, Etat, et leur laisse la faculté de les organiser à leur guise, conformément à leurs besoins, à leurs habitudes, à leurs traditions ? Et ne sont-ils pas singulièrement fondés à revendiquer cette faculté, à présent surtout que leurs méthodes ont fait leurs preuves avec les diverses assurances qu'ils ont si bien organisées, que leur succès a dépassé tous les espoirs ?

Le Congrès de Lyon eut en France un grand retentissement ; les grands journaux quotidiens de Paris et de province lui consacrèrent de nombreux articles.

On verra, par les lignes suivantes, extraites d'un article de la *Liberté*, combien, dès cette époque, s'affirmait la répugnance des agriculteurs pour l'intervention de l'Etat dans leurs affaires et leur volonté de les faire eux-mêmes.

Ce qui distingue surtout les Syndicats agricoles, écrivait l'auteur de l'article, c'est leur foi dans l'initiative privée. Ils se sentent capables d'être les artisans de leur propre bien-être par la puissance combinée de l'association libre et de la mutualité, et ne veulent l'intervention de l'Etat que dans les limites les plus restreintes. Et c'est par là surtout qu'ils seront certainement l'obstacle auquel se heurtera, dans les campagnes, la propagande socialiste...

A ce point de vue, le Congrès national de Lyon a une importance exceptionnelle. Tout commande de suivre et de favoriser un mouvement qui groupe les intérêts ruraux dans une pensée supérieure d'ordre et de progrès. Les services que ces institutions locales ont déjà rendus sont immenses. La mutualité, qui est leur base, associe et décuple leurs forces pour le bien de chacun et de tous.

CHAPITRE QUATRIÈME

Les Syndicats agricoles et le Félibrige

----

§ I. — *Gatien ALMORIC et les parlers locaux : leur portée sociale.*

Dans la période qui venait de s'écouler depuis leur fondation, les Syndicats d'Allex et de Crest avaient été fidèles à tenir leurs Assemblées générales et à célébrer leurs fêtes annuelles. Le dixième anniversaire de leur fondation fut pour eux l'occasion de donner plus de solennité et d'éclat à leurs fêtes de 1894 et 1896.

Ce fut aussi vers cette époque que commença à se produire et à se répandre bien vite un mouvement qui, jusqu'alors, était demeuré, dans notre région, confiné dans un petit cénacle d'amateurs, le mouvement félibréen.

Il vint très opportunément apporter à nos réunions et fêtes syndicales un nouvel élément de vie

et d'entrain, qui leur valut un renouveau de prospérité et de nombreuses adhésions de retardataires.

Nous avions dans notre vallée de la Drôme, à
Chabrillan, un de nos excellents collègues, qui était
en même temps qu'un agriculteur distingué, un
charmant poète, Gatien Almoric.

Il avait composé et fait jouer dans de modestes
réunions quelques petites pièces en dialecte local,
qui avaient été très goûtées. Depuis le début de nos
Syndicats, d'ailleurs, il n'y avait pas un de nos
banquets où il ne prononçât, toujours en parler
local, des toasts plein d'humour et d'aperçus très
judicieux sur les qualités et les petits travers des
cultivateurs, sur les services rendus par les Syndicats et dans lesquels il plaisantait agréablement ceux
qui les critiquaient.

*
**

Grand admirateur de Mistral, Almoric avait compris la haute portée sociale des parlers locaux, de
ces parlers populaires que, bien à tort, on appelle
dédaigneusement *le patois*, car les dialectes provençal, dauphinois, gascon, breton, sont en réalité de
véritables langues qui ont leurs règles, leur littéra-
ture, leurs écrivains, leurs poètes.

Cette portée sociale du parler local, Mistral l'a
chantée en des vers immortels :

« C'est le signe de la famille. C'est la chaîne qui
unit les aïeux aux fils. L'homme à la terre. C'est le
lien qui tient attaché le nid aux branches ».

Remettre en honneur les parler locaux, réagir contre la tendance actuelle à les dédaigner, en faire comprendre le charme, l'utilité et la beauté, n'était-ce pas rattacher par un lien de plus, enfants et jeunes gens à leur pays, à leur village, à leur terre, manier une arme de plus pour lutter contre la désertion des campagnes, ce terrible fléau qui les ruine en les dépeuplant ? Et, dès lors, les Syndicats n'étaient-ils pas dans leur vrai rôle en travaillant à en faire comprendre l'importance, à les faire apprécier et mieux aimer ?

§ II. — *Loù Nouananto-Nòu et les Syndicats agricoles.*

Vers la fin de 1895, Gatien Almoric avait fait représenter pour la première fois, à Roche-sur-Grane, par une troupe qu'il avait recrutée en grande partie dans cette charmante petite commune, une pièce de belle allure qui, par son étendue et son brio, dépassait celles qu'il avait fait jouer jusque-là, *Loù Nouananto-Nòu.* C'était une véritable comédie, en trois actes et en vers bien frappés qui faisaient revivre une série de scènes villageoises du temps passé, mais sous lesquelles transparaissaient, pour y être agréablement moqués, les travers, les sottes vanités, les petites ambitions de nos actuels politiciens de village.

Voici, du reste, un résumé rapide de cette jolie

pièce qui allait être appelée à un énorme succès dans toute notre région.

La scène se passe, il y a quelque cinquante ou soixante ans, dans la petite commune de Roche-sur-Grane.

C'est un grand jour pour la jeunesse du pays ; c'est le jour du tirage au sort, grave événement alors, car c'est le numéro qu'on va tirer qui enverra le conscrit au régiment ou le laissera dans ses foyers.

Les conscrits viennent en grande pompe chercher M. le Maire avec qui nous avons fait connaissance dès les premières scènes.

Pendant qu'on boit à sa santé, avant le départ, un passant apporte des billets de loterie. Lioubé, le maire, en prend un et se persuade bien vite qu'il a la fortune en poche avec son numéro 99.

Et voilà que le rêve paraît devenir réalité ! Le journal annonce que le numéro 99 a gagné le lot de cent mille francs.

Mais, hélas ! il faut bien vite déchanter : ce n'est pas le numéro 99 qu'a le pauvre Lioubé, c'est le numéro 66. Adieu beaux rêves, habits neufs, vie douce et tranquille !

C'est là l'action principale, mais sur elle se greffe une action secondaire qui, très heureusement, l'accompagne, la soutient, la complète.

Lioubé a une fille, et l'un des conscrits, le Crésus du village, le coq de la bande, en est épris. Comment le mariage est décidé, comment il est rompu, comment il est de nouveau renoué et conclu, on le voit par la suite.

Mais avant d'arriver au dénouement, à quelles jolies scènes de vie villageoise il nous sera donné d'assister !... Avec quel charme naïf, quelle poésie, quelle candeur, Julie nous contera ses premières amours !... Tout cela est pris sur le vif, vrai, naturel, vécu.

*
* *

J'assistai à la première représentation de *Noua-nanto-Nòu*. Elle était donnée, en pleins champs, dans la grande salle d'une usine abandonnée, sur une scène dressée sur quelques planches, et dont des branches d'arbres formaient les seuls décors, par la petite troupe d'acteurs qu'Almoric avait recrutée parmi les jeunes de Roche-sur-Grane et des environs.

Je fus émerveillé de la façon dont la pièce fut jouée. Célestin Fraud joua le rôle du maire Lioubé en véritable acteur ; une jeune fille de Roche tint, aussi simplement que gentiment, le rôle de l'amoureuse Julie. Quant à la mère Rose, la femme de Lioubé, il était échu à un brave cultivateur qui avait accepté pour la circonstance de couper ses moustaches, et qui donna tout à fait l'illusion d'être une vraie et vaillante paysanne.

Le succès fut si grand que j'invitai la troupe à venir donner une représentation au Syndicat d'Allex, dans le courant de l'hiver.

Elle eut lieu en février, et le succès de cette seconde représentation ne fut pas moindre que celui de la première. Le bruit s'en répandit bien vite dans nos environs, et bientôt tous les Syndicats voulurent avoir leur représentation. La petite troupe se prêta à ce désir, et les représentations allèrent se multipliant, à Crest, Grane, Montvendre, Etoile, etc. etc.

A Etoile, les félibres eurent l'honneur et la grande satisfaction de jouer devant leur illustre maître, Frédéric Mistral, qui avait été invité par M. l'abbé Moutier, curé d'Etoile, son disciple et son ami. Une belle poésie de M. Moutier, *Lou Souleù dou pastre*, fut dite par Fraud avec son brio coutumier.

§ III. — *Loù Nouananto-Nòu à Valence.* — *Le salut des Félibres à la Comédie Française.*

La réputation de la troupe des rives de Granette ne tarda pas de s'étendre au delà des Syndicats et de notre région, et, au mois de février 1897, c'était à Valence, dans la grande salle de la rue du Jardin-du-Roi, que la société valentinoise était conviée à assister à la représentation du *Nouananto-Nòu*. Je présentai les acteurs villageois à la belle assistance qui remplissait la salle, dans une conférence sur les *parlers locaux au point de vue social*.

Je répondis d'abord au reproche adressé parfois aux parlers locaux d'être un danger pour l'Unité nationale. J'en montrai ensuite la haute portée sociale. Voici ce passage de ma conférence qui me paraît pouvoir trouver place dans ces souvenirs :

Si l'unité du pays, qui doit être chère à tous, et que tous nous aurions le devoir de défendre si elle était attaquée, est menacée aujourd'hui, ce n'est certes pas par un excès de tendances particularistes ni par l'exagération de l'indépendance et des libertés locales.

Si notre pays souffre de quelque chose, c'est bien plutôt de l'exagération et de l'abus de l'unité, de l'excès de la centralisation, qui courbe sous les mêmes règlements, jette dans le même moule des populations différentes d'esprit, d'habitudes, de tempérament et de caractère.

Ce n'est plus l'unité, c'est l'uniformité ; c'est la destruction de toute initiative, de toute activité provinciale ; c'est la vie concentrée dans les grandes villes, dans la capitale surtout, au détriment du reste du pays ; c'est le sang affluant à la tête, au lieu de circuler dans toutes les veines pour réchauffer et vivifier tout le corps. S'il y a un péril, le voilà !...

*
* *

On a dit avec raison que le beau, c'était l'unité dans la variété ; il n'est pas moins vrai de dire que la force, la vitalité, la puissance d'un pays consistent à la fois dans l'unité et dans la variété.

Est-ce que toutes les régions ont le même aspect, les plaines la même étendue, les montagnes la même altitude, les étoiles la même splendeur ?

Non, certes, pas plus que tous les sols n'ont la même végétation, les arbres le même feuillage, les fleurs les mêmes parfums, les oiseaux les mêmes chants, les hommes la même taille, la même vigueur, le même visage.

C'est la même pensée que, dans des vers charmants, écrits pour défendre la langue celtique, et que je vous demande la permission de vous citer, évoquait le barde d'Armorique, le doux Brizeux :

Oh ! l'ardent rossignol, le linot, la mésange,
Pour louer le Seigneur n'ont pas la même voix.
Dans la création, tout s'unit, mais tout change,
Et la variété, c'est une de ses lois.

Si dans la nature, dans les elements, dans les êtres, la variété ne nuit pas à l'unité, pourquoi n'en serait-il pas de même pour le langage, pour un peuple, pour un pays, alors surtout que ce pays, c'est la France, si bien placée par rapport aux autres nations, si heureusement conformée au point de vue géographique, si riche en grands souvenirs et en glorieuses traditions nationales, pour que la variété chez elle puisse en rien porter atteinte ni même ombrage à sa puissante unité ; alors aussi que ce langage, cette langue, c'est notre belle langue française, si limpide, si douce, si souple, si harmonieuse, si belle, si une et si variée à la fois que son unité et sa variété déconcertent par moments ceux qui commencent à l'apprendre ?

Non, les parlers locaux ne sont pas plus un danger pour l'unité de la langue que l'amour du village, du foyer, du clocher, de tout ce qui constitue la petite patrie, n'est un danger pour l'amour de la grande. L'amour de l'une conduit à l'amour de l'autre, l'accroît, le soutient, le fortifie ; et quand on a cessé d'aimer son village, la vallée, la montagne où l'on est né, on est bien près souvent d'oublier la grande patrie.

« Amour de la Bretagne, attachement à la France, écrivait M. Saint-René-Taillandier dans la préface des œuvres de Brizeux, ces deux sentiments, bien loin de se contredire, se soutiennent l'un l'autre.

« Je me défie du patriotisme qui exclurait l'amour du foyer, comme je me défie du sentiment de l'humanité chez ceux qui condamneraient le patriotisme.

« De même, l'homme le plus dévoué à la petite patrie

(que ce soit une province entière ou simplement le foyer paternel, peu importe) sera aussi le plus dévoué à la grande ».

La patrie, en effet, n'est pas une abstraction : c'est la terre des pères, *terra patrum*, la terre des ancêtres, la terre où ils ont vécu, travaillé, aimé, prié, souffert, sur laquelle ils sont morts et sur laquelle à notre tour nous vivons, nous travaillons, nous aimons, nous prions, nous luttons, rattachant les générations qui ont passé aux générations qui suivent, reliant les tombes sur lesquelles on pleure aux berceaux auxquels on sourit.

Pour l'homme des champs surtout, la patrie, c'est le coin de terre dont il a hérité de son père et qu'il cultive avec amour, la demeure où il est né, le clocher à l'ombre duquel il a grandi, les bois, les prairies dans lesquels il a pris ses premiers ébats. Et cette petite patrie lui fait aimer la grande, parce que la grande lui en garantit la possession et la jouissance, et le jour où elle sera menacée, il la défendra vaillamment sur les champs de bataille, parce qu'il aura le sentiment de combattre pour ses propres foyers.

Mais pour que toutes ces choses au milieu desquelles il vit parlent à son esprit et à son cœur, il faut qu'elles aient une voix qui donne une expression à leurs enseignements, aux souvenirs, aux traditions qu'elles rappellent, et, cette voix, ce verbe, c'est le parler du pays. Oui, c'est le langage local qui anime, vivifie le foyer et tout ce qu'il contient, qui ajoute à la petite patrie ce charme intime par lequel le jeune homme s'y sent retenu, cet attrait puissant grâce auquel, quand il l'a quittée, il aspire à y revenir.

Voilà la portée sociale, l'action sociale des parlers locaux. Et, certes, à cette heure où nos campagnes se dépeuplent, où tant de fils de cultivateurs ne songent qu'à les déserter, où l'on s'émeut justement de cet exode, et où ceux qui ont des terres se demandent avec anxiété par qui, dans quelques années, ils les feront travailler, n'est-ce pas faire une œuvre vraiment actuelle, utile, patriotique, que de travailler à empêcher de se rompre, en le consolidant et le resserrant, ce dernier lien du langage qui rattache encore à son village, à sa maison, à ses champs, le jeune paysan, alors qu'il éprouve si forte la tentation de les quitter, fasciné qu'il est par les plaisirs et les séductions de la ville, où il va, le plus souvent, perdre, avec son petit avoir, ses forces, sa santé, sa gaieté, tout son bonheur.

.

Quelques mois après, vers la fin de juillet, c'était le Comité Valentinois des fêtes organisées à Valence à l'occasion de la visite du Président de la République, Félix Faure, qui invitait la *troupe félibréenne des Rives de Granette* à donner une représentation de *Nouananto-Nòu* au théâtre de Valence.

L'invitation fut acceptée et les félibres jouèrent devant la *Comédie Française*, invitée aussi, et devant un nombreux public attiré par le passage du Président.

Leur succès fut complet sur cette scène nouvelle pour eux, que rendait particulièrement imposante la présence des plus célèbres acteurs et actrices de la Capitale. Entre les deux troupes, des saluts furent échangés.

Voici deux strophes du salut en dialecte dauphinois, que Célestin Fraud, au nom des Félibres, adressa à la Comédie Française.

Tressaulo din boun esse, o terro daufinato !
Toun noum, de mai en mai, vers las nautours escalo
E ta douào lengo eis chantà.

Tous mendreis félibrous, Mouliero lous escouto
De lour umble prèsfat lour aplanant la route
Que de trabus eis saménà.

Par ti, beu Daufinat en lengo doù terraire
Pourgirei lou salut, moudeste labouraire
A la proumeiro Coumédio.

Salut Valhens champiouns d'une causo auturouso
D'un prime sout boutaren naslo man vergougnouso
Din la man qu'aves se mondio.

Tressaille de joie, ô terre dauphinoise — ton nom de plus
en plus, s'élève à l'horizon — Et ta douce langue est chantée — Ses plus humbles félibres — Molière les écoute —
il aplanit l'âpreté de leur dur chemin.

En ton nom, beau Dauphiné, en langue du terroir, je
salue, fils des champs — les premiers comédiens du
monde — Salut à vous, orgueil d'une scène illustre —
Avec élan nous mettons notre main qui tremble un peu —
Dans celle que vous nous tendez.

Le Félibrige, sans se confondre avec les Syndicats, avait été pour eux un auxiliaire aussi utile
qu'agréable, mais s'il leur avait beaucoup donné,
il en avait aussi beaucoup reçu. Ce fut grâce à eux
qu'il trouva un milieu où il lui devint rapidement

possible de se constituer, de prendre son essor, et le merveilleux développement qu'il acquit.

N'était-ce pas dans les banquets de nos fêtes syndicales, je l'ai dit déjà, qu'Almoric avait commencé à accoutumer nos cultivateurs à entendre et applaudir *la lengo doù terraire*, et leur avait appris que cette belle langue, la leur, ils devaient la respecter, la conserver et l'aimer ? Il y avait donc entre les Syndicats agricoles et le Félibrige réciprocité de services, dont ils avaient l'un et les autres bénéficié.

CHAPITRE CINQUIÈME

En marge des Syndicats agricoles :
Les œuvres religieuses
et morales pour les agriculteurs

---

§ I. — *Les retraites d'Aiguebelle ; leur origine ; la première retraite d'Aiguebelle. — Loù Labouraire. — Programme des retraites. — La loi du 1ᵉʳ Juillet 1901 sur les associations oblige de les suspendre.*

Ce fut encore un service réciproque qu'allaient se rendre les Syndicats agricoles et une autre œuvre qui n'avait par elle-même rien de commun avec eux et qui, cependant, bénéficia du seul fait de leur existence. Je veux parler de l'œuvre des retraites, non pas des retraites ouvrières et paysannes, mais des retraites religieuses fermées, qui, pendant plusieurs années, devaient réunir à Aiguebelle un grand nombre d'agriculteurs.

L'origine de ces retraites n'est pas banale.

Un certain jour de janvier, je reçus d'un des membres les plus dévoués du Syndicat d'Allex, une lettre que j'ai eu le regret de ne pas retrouver, mais du contenu de laquelle j'ai conservé un fidèle souvenir.

Après m'avoir envoyé ses souhaits de bonne année, il ajoutait : « Vous nous avez rendu beaucoup de services matériels, grâce au Syndicat, et nous vous en sommes bien reconnaissants ; mais vous ne nous en rendez pas au point de vue religieux, et pourtant ce serait bien nécessaire. Pensez-y ; nous sommes quelques-uns qui attendons de vous ce service. »

J'avoue que la lettre de cet excellent compatriote me surprit autant qu'elle me fut agréable, et aussi qu'elle m'embarrassa beaucoup. Je lui répondis bien vite pour le féliciter de sa requête, mais pour lui dire aussi que, plus mêlé que moi à la vie quotidienne des agriculteurs, c'était à lui qu'il appartenait de me préciser ce qui pourrait être fait pour eux au point de vue religieux.

Ne me dites pas, ajoutai-je, qu'en fondant des Syndicats je n'ai rien fait pour eux à cet égard. Dans nos statuts, nous avons prévu une fête patronale, qui doit commencer par l'assistance à une messe solennelle ; nous avons un patron, saint Isidore ; un service annuel pour nos collègues défunts. Enfin, j'ai donné pour blason à notre Syndicat la croix et la charrue, avec la devise :

Cruce et Aratro. Que pouvais-je faire de plus ? Le Syndicat n'est pas une œuvre religieuse, mais professionnelle. Je me suis appliqué à l'animer d'un esprit chrétien ; c'est encore une fois, tout ce qui m'a paru possible.

Je reviens prochainement à Allex ; venez me voir, nous causerons et verrons ce qui peut être fait dans l'ordre d'idées qui vous préoccupe, sinon dans le Syndicat, du moins à côté.

Dès mon retour j'avais sa visite, et quand il fallut préciser ce qu'il y aurait lieu de faire, il eut grand'peine à me donner une indication utile.

— J'ai bien eu et j'ai encore une idée, lui dis-je à mon tour, et si je ne vous en ai jamais parlé, c'est que je ne la crois pas réalisable. Cette idée, la voici cependant : Que diriez-vous si je vous proposais, à vous et à quelques-uns de nos amis, de venir passer trois ou quatre jours au monastère d'Aiguebelle pour faire une retraite. Y viendriez-vous ? Trouveriez-vous à Allex quelques amis disposés à y venir avec vous et combien ?...

Il réfléchit un moment et me répondit :

— Mais oui, j'irais, et je crois bien qu'il y aurait à Allex sept ou huit de nos amis qui nous accompagneraient.

— Si vous me le promettez, lui dis-je, c'est affaire faite ; je trouverai facilement parmi nos amis des Syndicats voisins les quinze ou vingt retraitants qui complèteront les sept ou huit d'Allex. Vingt-cinq retraitants, c'est un nombre suffisant.

Mes prévisions ne me trompèrent pas ; je trouvai les adhésions escomptées, et, sans tarder, je demandai au R. Père Abbé d'Aiguebelle s'il lui agréerait de nous recevoir. Il accepta avec empressement. Un Père Jésuite de mes amis, le R. P. Descamps, me promit de prêcher la retraite, et vers le milieu de novembre, à l'époque où les cultivateurs, ayant terminé les semailles, disposent d'un peu plus de temps, au jour fixé, les retraitants que j'avais recrutés, avec une facilité qui m'avait surpris, s'acheminaient vers le monastère d'Aiguebelle. Et ce ne fut pas vingt-quatre ou vingt-cinq qu'ils y arrivèrent, mais quarante-quatre bien comptés.

Cependant, une déception m'attendait. Je comptais trouver le prédicateur en arrivant et il n'avait pas encore paru. J'avoue que j'eus un moment de grande perplexité ! Quand je parlais dans une réunion catholique avec un prêtre, on me disait souvent en plaisantant : « C'est vous qui avez fait le sermon, et l'abbé la conférence. » Mais tout de même, si je pouvais faire une conférence religieuse, j'aurais été bien en peine d'ouvrir et encore plus de prêcher une retraite !

Notre déception, grâce à Dieu, ne fut pas de longue durée. Le R. P. Descamps, notre prédicateur, arriva au moment où nous nous mettions à table pour dîner.

Après le dîner, la conversation se prolongea quelques instants encore. On parlait des Syndicats, des récoltes, du Félibrige naissant, lorsqu'un de nos collègues du Syndicat d'Allex, François Chauvin, interpellant Almoric, lui dit :

— Puisque nous sommes ici entre paysans, vous devriez bien nous faire un cantique en patois, et nous le chanterions pendant la retraite.

— Et si vous me le donnez demain matin, ajouta un jeune prêtre qui avait accompagné ses paroissiens, je vous en promets la musique pour midi, et à 2 heures, avant l'instruction, nous le chantons.

— Accepté, répliqua Almoric, en lui tendant la main pour sceller l'accord, comme pour un marché !...

Et le lendemain, dès l'aube, il remettait à l'abbé Breynat le cantique qu'il avait composé avant de s'endormir. Dans la matinée, l'abbé en écrivit la musique, et, à 2 heures, un chœur improvisé ouvrait la cérémonie par le chant du *Labouraire* dont les voûtes de nos églises devaient, par la suite, souvent retentir et où, à l'heure qu'il est, on l'y chante encore.

Le *Labouraire* était, en effet, bien vite devenu le chant syndical, et pendant quelques années on le chanta partout. Il méritait cette popularité. En voici le texte :

CHANT DOU LABOURAIRE

I

Quand dou bouvié l'estialo matinèiro
Lamount dardalhó soun fio viéu,
Ardit ! zou ! rede arrapo ta touchèiro,
Après avé preia toun Diéu.

REFRAIN

O labouraire,
Si toun craire
Ei lou simbèu de toun pouvèr
Quelo crous santo
Que ta vouas chanto
Ei lou bourbou de toun espèr.
Divino crous,
Toun bouas sinous, toursu, ruchous,
Broutounant en abounde
A reçaupu lou bouan Jesu
Qu'èro vengu
Pèr lou salut dou mounde

II

Sèito toun blad ou fouei ta tartiflèiro,
Vai poua la vigno qu'as planta ;
Qunto que sié, l'obro èis uno preièiro
Qu'un jour te saro bien counta.

III

Que devans Diéu souvènt toun genou pleie,
Veirès maüra ta meissou !
Qu'à lou preia ta dimencho s'empleie,
Tout flouriro dins ta meisou !

IV

Puei, quand un jour, agrabouna pèr l'iage,
Sarès au cantou de toun fio,
Sèns tremoula, broujarès au grand viage
Que te fau fa dins l'autro vio !

GACIAN ARMOURI.

En voici la traduction française :

I

Quand du bouvier l'étoile matinale,
Là-haut, darde son feu ardent,
Allons ! vite, prends ton aiguillon,
Après avoir prié ton Dieu.

REFRAIN

O laboureur,
Si la charrrue
Est le Symbole de ton pouvoir,
Cette croix sainte
Que ta voix chante
Est la source de ton espoir.
Divine croix,
Ton bois dur rugueux,
Où les nœuds abondent,
A reçu le bon Jésus
Qui était venu
Pour le salut du monde

II

Sème ton blé ou fouille ton champ de pommes de terre,
Va tailler la vigne que tu as plantée :
Quel qu'il soit, le travail est une prière
Qui, un jour, te sera bien compté.

III

Que devant Dieu, souvent, ton genou ploie,
Tu verras mûrir ta moisson !
Qu'à le prier ton dimanche s'emploie
Tout fleurira dans ta maison.

IV

Puis quand, un jour, écrasé par l'âge,
   Tu seras au coin de ton feu.
Sans trembler, tu penseras au grand voyage
   Qu'il te faut faire dans l'autre vie !

*
* *

Que dirai-je de la retraite ? Si, par beaucoup de côtés, elle ressembla à celles auxquelles j'avais pris part, elle s'en différencia cependant par certain côté. C'est ainsi que le silence, qui est la règle dans toutes les retraites, ne fut pas imposé aux retraitants d'Aiguebelle. Les cultivateurs, le plus souvent, travaillent seuls, dis-je au P. Descamps, notre prédicateur ; ils se taisent dans leur travail solitaire ; aussi lorsqu'ils se trouvent plusieurs ensemble, ils éprouvent le besoin de se dédommager de ce silence forcé et ne peuvent se défendre de parler. Il me semble donc préférable de ne pas exiger le silence absolu pendant la retraite, tout en recommandant d'éviter la dissipation. Ainsi fut fait, et on n'eut pas à le regretter.

Les retraitants avaient d'ailleurs l'occasion d'admirer le silence ou plutôt les silencieux !... N'étions-nous pas, à Aiguebelle, au milieu de moines agriculteurs, des Pères et Frères Trappistes, qui ne doivent jamais parler ? On les rencontrait presque à chaque pas, dans les champs, dans les étables qu'on visitait, aux abords du monastère. On les questionnait, et eux, souriant, mettaient le doigt sur les lèvres, indiquant par ce geste qu'il ne leur était pas permis de parler, et vite, ils reprenaient leur besogne ou poursuivaient leur chemin. Cette discipline, cette obéissance à la règle, le contentement, la paix qui rayonnaient sur leur visage, le zèle qu'ils apportaient à leur travail, étaient, pour les retraitants, comme une prédication muette. Aiguebelle, à cet égard et à beaucoup d'autres, était le cadre rêvé pour une retraite d'agriculteurs.

C'est ainsi que le chant du *Salve Regina* qui terminait l'office du soir, à 6 heures, avant le repos de la nuit, que les moines allaient prendre sur leurs dures couchettes, le son de la cloche qui, vers 3 heures de la nuit, les appelait à l'office des Matines, l'austérité de leur vie, le maigre continuel de leurs repas qui se composaient uniquement de pain et de légumes plus ou moins bien assaisonnés, cet ensemble de vie dure, de mortifications, de prières, qui encadrait le travail des champs auquel on les voyait se livrer activement, tout cela impressionnait heureusement les retraitants et les préparait à entendre avec attention et profit les enseignements du prédicateur.

La méditation sur des sujets de piété n'est guère le fait des cultivateurs ; aussi, pour occuper une bonne partie du temps libre entre les instructions, qui, dans les retraites fermées, est ordinairement consacré au recueillement et à la méditation, avions-nous mis au programme de la retraite des séances où devaient être traitées des questions sociales et agricoles. La question des Syndicats y

tenait surtout une grande place. Aussi combien de
Syndicats ont dû leur fondation à ces modestes
réunions, où nous en exposions l'utilité, le fonctionnement, et précisions les nombreux services
qu'ils pouvaient rendre aux petits cultivateurs. Le
parler local, le patois était admis pour les demandes d'explications, les observations à présenter, et
donnait à ces réunions un caractère tout à fait simple et cordial.

La première retraite eut un plein succès et fut
suivie de cinq autres. Rentrés dans leurs villages,
les retraitants en parlèrent autour d'eux, y con-
vièrent leurs amis, et l'année d'après, ils dépas-
saient la soixantaine. Leur nombre s'accrut encore
dans les années suivantes ; en 1899 et 1900, le
nombre de 200 retraitants fut largement dépassé.

Les Pères Trappistes nous accueillaient toujours
à bras ouverts. Ils nous donnaient des repas mai-
gres, mais excellents et plantureux, et le chocolat
du déjeuner du matin était particulièrement apprécié. Et quand je songe aujourd'hui que le prix
des trois jours de retraite était en tout de dix
francs !...

Nous occupions les deux hôtelleries du monastère, et pour les soirées, le cercle des ouvriers de
la chocolaterie était à notre disposition. Après le
repas du soir, les félibres qui étaient des nôtres
nous disaient quelques-unes de leurs poésies et
nous chantaient le *Labouraire*, qui fut bientôt suivi
du *Chant du Paysan*, et les meilleurs morceaux de
leur répertoire.

Le dernier jour, au repas d'adieu, les ouvriers de la chocolaterie venaient s'asseoir à nos côtés. Au dessert, le Rme Père Abbé et le Père prieur venaient aussi pour nous faire leurs adieux, et nous pouvions les remercier de la cordialité, de leur accueil, et du grand service qu'ils nous rendaient en nous ouvrant si généreusement leur maison.

La dernière retraite d'Aiguebelle. — Sans que nous y ayons songé en quittant Aiguebelle, la retraite de 1900 fut la dernière. Les mauvais jours allaient se lever pour les Congrégations religieuses et nous ne voulions pas risquer d'être, pour les Pères Trappistes, une occasion de tracasseries et de vexations. J'écrivis dans le courant de l'été 1901 au Rme Père Abbé que nous renoncions à lui demander l'hospitalité pour une prochaine retraite, et attendrions des temps meilleurs pour les reprendre.

Et, au mois de novembre, à la date où nous lancions nos convocations, au lieu d'une lettre d'invitation, j'adressai aux retraitants des années précédentes la lettre qui suit :

MES CHERS AMIS,

J'ai le regret très grand de vous faire savoir que la retraite d'Aiguebelle n'aura pas lieu cette année.

Les circonstances douloureuses que nous traversons, les conditions difficiles qu'une loi néfaste vient de faire aux

RR. Pères Trappistes ne nous permettent pas de leur demander l'hospitalité que, depuis six ans, ils nous donnaient si généreusement sous leur toit, pendant trois ou quatre jours, à cette époque de l'année.

Nous n'irons pas à Aiguebelle pour nous recueillir, pour prier, pour entendre la parole de Dieu, pour réfléchir sur nos fins dernières en même temps que sur nos devoirs de citoyens et de chrétiens, pour étudier ensemble ces questions agricoles et religieuses qui avaient pour nous un intérêt pratique si considérable, et dont, rentrés chez nous, nous tentions, avec succès le plus souvent, d'appliquer la solution.

Comme elles nous intéressaient, ces réunions agricoles ! Combien de Syndicats, combien de progrès dans nos cultures, combien de Caisses de crédit ou d'assurances diverses, combien d'œuvres de piété et de charité ont été le résultat de ces entretiens familiers, où nous mettions en commun nos connaissances, notre expérience, et où l'exemple des uns décidait les autres à agir !

Combien de chants chrétiens dus à notre poète de la vallée de la Drôme, fidèle à la *lengo dou terraire*, ont été composés au cours de ces retraites, y ont été chantés pour la première fois et sont devenus les chants préférés de nos fêtes et réunions rurales !...

Vous rappellerai-je le bien immense fait à nos âmes par les éloquents enseignements de nos prédicateurs, par ces belles cérémonies qui clôturaient nos retraites, par ces leçons muettes et pourtant singulièrement éloquentes aussi que nous donnaient ces saints religieux, que nous voyions sous nos yeux accomplir en silence leur rude tâche, et qui nous édifiaient par leur application au travail autant que par leur piété et l'austérité de leur vie.

Et comme ils étaient heureux de nous recevoir et empressés à nous servir, comme ils s'ingéniaient pour nous faire plaisir et nous soigner paternellement, eux si durs à eux-mêmes !...

Tout cela ne sera-t-il plus qu'un souvenir ? Ne revivrons-nous plus ces bonnes et paisibles journées qui s'écoulaient trop vite, pieusement et joyeusement, à l'ombre du vieux monastère, et qui passaient comme un rêve ?

Si, mes chers amis, nous les reverrons !...

Et je terminai en les adjurant de faire tous leurs efforts, comme citoyens et électeurs, pour obtenir l'abrogation des lois iniques, qui mettaient les religieux hors du droit commun.

Hélas !... nos espoirs d'alors ne se sont pas réalisés ! les RR. Pères Trappistes sont bien toujours à Aiguebelle, ils ont demandé l'autorisation, leur demande n'a été ni accueillie ni rejetée ; ils attendent toujours la réponse et ont bénéficié de ce silence.

Mais nous ne pouvions plus, dans cette situation d'attente, leur demander de nous recevoir aussi nombreux, malgré le grand attrait qu'avait pour nous leur hospitalier monastère.

§ II. — *Retraites de Val-Brian ; leurs difficultés ; leur suppression.*

Quatre ans s'étaient écoulés sans que j'aie songé à organiser de nouvelles retraites, lorsqu'en 1904 Gatien Almoric me dit un jour que de divers côtés on lui demandait s'il ne serait pas possible d'en reprendre la tradition. « Je ne demande pas mieux, lui répondis-je, mais où aller ? »

Les retraites de Val-Brian. — Il n'est pas facile, en effet, de trouver une maison assez grande pour recevoir, pendant plusieurs jours, 100 ou 150 personnes et pourvue de tout ce qui est indispensable à leur logement et à leur alimentation.

Il y avait bien, dans nos environs, à Val-Brian, au fond d'une vallée écartée, resserrée et sévère, à cinq ou six kilomètres de toute agglomération, de vastes bâtiments, construits autrefois pour une filature de cocons et près desquels se trouvait une maison d'habitation.

Achetés par une de mes tantes, dans le but d'y établir une œuvre religieuse, ils avaient été mis par elle à la disposition des Pères Assomptionnistes qui les avaient totalement transformés et agrandis pour y établir un alumnat. Atteints les premiers par la persécution religieuse, ils avaient dû quitter à grand regret cette maison de Val-Brian, et elle était disponible.

Nous allâmes la visiter, Almoric et moi.

Assurément, au point de vue tranquillité et recueillement, on ne pouvait pas trouver mieux. C'était une vraie Thébaïde. Mais, abandonnés depuis quatre ou cinq ans, les bâtiments étaient en triste état et à peu près complètement vides. Ce n'étaient pas les quelques lits, les quelques meubles, épars d'ici, de-là, qui pouvaient suffire pour recevoir 50 ou 100 retraitants.

Malgré tout, après bien des hésitations, nous nous décidâmes à tenter l'aventure, d'organiser une retraite. Aiguebelle voulut bien nous prêter un bon nombre de lits et de matelas ; la maison fut nettoyée de fond en comble, la chapelle fut remise en état. Nous achetâmes des chaises, de la vaisselle. Deux ou trois cuisinières mirent en train les fourneaux et trouvèrent à se caser dans les pièces où logeaient les Sœurs qui s'occupaient de la lingerie et faisaient la cuisine, au temps des pères Assomptionnistes. Le P. Descamps, notre premier prédicateur des retraites d'Aiguebelle nous promit de prêcher la première retraite de Val-Brian.

Bref, tout était prêt pour recevoir notre monde.

Quinze jours avant la date fixée pour l'ouverture de la retraite, j'adressai aux anciens retraitants d'Aiguebelle une circulaire pour leur faire part de la bonne nouvelle de la reprise de notre œuvre et les inviter à venir à Val-Brian.

Je ne leur cachai pas qu'ils n'y retrouveraient pas l'hospitalité si attirante d'Aiguebelle et j'ajoutai :

L'ancien monastère qu'on veut bien mettre à notre disposition, abandonné depuis quatre ans, sera loin de nous offrir un abri aussi hospitalier ; il faudra coucher sur la dure et en dortoir, nous contenter d'un mobilier des plus sommaires et du strict nécessaire. La maison est presque vide, et il faut presque tout y apporter...

Mais tout cela, n'est-ce pas, n'est pas fait pour arrêter de bons chrétiens, qui seront heureux de se retremper dans le recueillement et la prière et de faire provision de courage et de force à la veille des jours difficiles qui nous menacent ?

Notre appel fut entendu ; les retraitants pendant six ans vinrent nombreux.

Mais ce n'était plus la véritable retraite, comme à Aiguebelle où l'on se sentait si bien entouré, si soutenu par l'ambiance monacale, qu'on attendait la clôture de la retraite, sans la moindre impatience, que les journées même paraissaient trop courtes et qu'on partait à regret.

La retraite de 1910 fut la dernière, non pas que l'idée d'en organiser de nouvelles ait été abandonnée, mais nous sentions la nécessité de les faire ailleurs et d'en remettre l'organisation et la direction entre les mains de l'administration diocésaine.

Mais Mgr Chesnelong avait été nommé archevêque de Sens ; son successeur si zélé qu'il fût, — et certes, Mgr de Gibergues était débordant de zèle — avait, au début de son épiscopat, d'autres préoccupations que celles de l'organisation d'une retraite, et, trois ans après c'était la guerre!...

La retraite de 1910, la sixième du Val-Brian, a donc été la dernière de cette seconde série.

Souhaitons qu'une troisième série ne tarde pas de commencer et se prolonge pendant de longues années.

Quoique organisées tout à fait en dehors de nos Syndicats agricoles, les retraites avaient sur l'élite de leurs membres une excellente influence. Elles étaient pour eux comme une école de formation sociale et les préparaient à apporter à leur Syndicat un concours actif, désintéressé,.dévoué, qui aujourd'hui leur fait défaut.

Assurément, au point de vue matériel et professionnel, nos Syndicats n'ont pas fléchi, grâce aux ressources qui alimentent leur caisse ; mais la cohésion entre les membres n'est plus aussi grande qu'autrefois. Ils sont une affaire plutôt qu'une famille, et s'ils venaient à connaître des jours difficiles, ils ne seraient pas aussi bien armés pour les traverser, qu'ils l'ont été pendant la guerre.

Puissent ces jours ne pas revenir, et l'œuvre des retraites, si elle subit une longue interruption, renaître un jour prochain et reprendre son action bienfaisante sur ceux qui auront la bonne pensée d'y prendre part.

§ III. — *Congrès et Pèlerinages. — L'abbé Baret. — A N. D. de l'Osier. — A N. D. du Laus. — Au Congrès d'Aix-en-Provence.*

Une œuvre qui, tout en étant tout à fait distincte des Syndicats, leur apporta et en reçut un concours des plus utiles, fut aussi l'œuvre des Congrès cantonaux catholiques.

Pendant les années 1895 à 1900, elle prit un grand développement un peu partout et notamment dans les diocèses de Grenoble et de Gap. La question de la fondation et du fonctionnement des Syndicats agricoles était à l'ordre du jour de la plupart de ces Congrès et y tenait une grande place.

A maintes reprises, je fus invité à prendre part à ces Congrès, dans le Vaucluse, le Var, les Bouches-du-Rhône, les Hautes et Basses-Alpes, la Haute-Loire et surtout dans l'Isère où m'appela bien souvent mon ami, le chanoine France, qui en était l'organisateur et l'âme et y déployait tout son zèle d'apôtre, servi par une éloquence à la fois simple et chaleureuse.

J'eus fréquemment la satisfaction de voir sortir de ces assemblées, composées surtout de paysans, le germe de ces petits Syndicats communaux, si répandus dans le département de l'Isère.

Je n'oublierai jamais ma rencontre, au Congrès de la Mure, avec un excellent prêtre, l'abbé Baret, qui devait, quelques années après, devenir l'un des premiers — le premier peut-être — lauréat du prix Duport, décerné par l'Union du Sud-Est.

Tout chez lui, l'aspect, le visage, l'attitude, respirait la piété, je dirai presque la sainteté. Timide, réservé, l'œil vif et intelligent, on le devinait débordant de zèle et cherchant comment il pourrait l'exercer au profit de ses paroissiens. C'est pour cela qu'il était venu au Congrès de La Mure, où la question des Syndicats agricoles était à l'ordre du jour.

Au cours du Congrès, il m'aborda timidement, me demandant s'il pourrait et comment il pourrait fonder un Syndicat *apicole*.

— C'est bien simple, lui répondis-je, au lieu d'un Syndicat apicole, faites un Syndicat agricole. Vos apiculteurs et leurs abeilles y auront leur place et vous pourrez de plus leur rendre quantité d'autres services dont bénéficieront ceux-là mêmes qui n'ont pas de ruches.

Il me remercia de mon conseil, se mit à l'œuvre sans tarder, et fonda le Syndicat de Quet-en-Beaumont, la paroisse dont il était curé. Deux ou trois ans après, j'avais le plaisir d'être son hôte, avec un de mes jeunes fils, au cours d'une excursion que nous faisions à bicyclette dans ces parages, où chaque jour j'avais l'occasion de parler des Syndicats dans les paroisses où les curés m'avaient demandé de m'arrêter.

J'admirai l'œuvre du modeste et pieux abbé Baret qui, sous une apparence un peu froide, avait un zèle et une ardeur d'apôtre. Il avait fondé trois ou quatre autres Syndicats dans les paroisses voisines, avec le concours de ses confrères. Il les suivait tous de très près et leur avait donné une vie familiale et professionnelle comme peu de Syndicats en ont jamais eue. Tous leurs membres étaient abonnés au *Bulletin de l'Union du Sud-Est*, et dans les pages qu'il s'y était réservées, il leur donnait, dans chaque numéro, des avis, des leçons qui étaient un vrai modèle d'enseignement syndical et agricole.

Il y ajoutait, pour les jeunes, des canevas de devoirs à faire, des problèmes à résoudre, et des récompenses étaient données à ceux qui avaient le mieux travaillé. Jamais le prix Duport n'a été décerné à un candidat plus méritant que le modeste petit curé de campagne qui a succombé prématurément à la lourde tâche qu'il s'était imposée, et dont la mémoire est restée vivante et vénérée dans cette vallée du Beaumont dont il avait été l'apôtre.

Notre rencontre à La Mure, les succès et la fidélité de l'amitié qu'il me témoignait en m'envoyant régulièrement le *Bulletin du Syndicat du Beaumont*, sont un des meilleurs souvenirs de mes tournées syndicales de ces temps déjà lointains.

J'ai gardé un bien bon souvenir aussi des Congrès-Pèlerinages de Notre-Dame de l'Osier et de Notre-Dame du Laus, et d'autres encore. Il y avait, dans ces Congrès, la partie agricole et la partie religieuse. L'assistance y était toujours très nombreuse. Il arriva, à l'un des pèlerinages de Notre-Dame de l'Osier, qu'on dut dresser une vaste tente pour abriter contre la pluie, les nombreux pèlerins qui assistaient à la conférence.

A Notre-Dame du Laus, où dans deux pèlerinages, en 1896 et 1897, on compta les pèlerins par milliers, les réunions avaient lieu dans l'enclos des missionnaires et ne manquaient ni d'entrain ni de pittoresque. Je retrouve le compte-rendu d'une de ces réunions dans la *Croix des Hautes-Alpes* et j'y lis ces lignes :

Assis sur le gazon ou abrités sous les quelques arbres du verger, nos bons Alpins prêtaient une oreille curieuse et attentive à la parole du sympathique orateur populaire. Ils venaient de recevoir de la bouche autorisée du prêtre les enseignements qui regardaient leur âme et leur éternité, ils avaient besoin d'être éclairés et instruits aussi sur leurs intérêts temporels.

En face d'un auditoire d'agriculteurs, M. de Gailhard-Bancel parle de l'agriculture, des Syndicats agricoles, de leur fonctionnement, de leurs avantages... Un brave homme, tremblant, comme beaucoup d'autres, sous la férule du gouvernement, se hasarde à dire que, sans l'intervention et la protection du gouvernement, on ne pouvait rien faire. C'est pour l'éloquent orateur une occasion d'affirmer la liberté, l'indépendance. Il déclare que, pour fonder des Syndicats, il n'a eu besoin de l'autorisation ou du concours officiel de personne, pas plus des ministres que des préfets, députés ou sénateurs. De chaleureux applaudissements lui prouvent qu'il a été compris.

Un souvenir me revient encore de ces temps lointains. C'est celui d'un aimable tour que me joua l'archevêque d'Aix, Mgr Gouthe-Soulard, qui présidait une réunion où je devais parler des Syndicats agricoles. Au programme il y avait, après le mien, un discours de l'abbé Lemire, récemment élu à la Chambre, et que le clergé, les jeunes surtout, regardaient presque comme un nouveau Messie.

Je compris bien vite que l'auditoire, dans lequel se trouvaient les élèves du Grand Séminaire, avait d'autres préoccupations que les Syndicats agricoles dont je devais parler, impatient qu'il était d'entendre le nouveau député.

Aussi, en me levant pour prendre la parole, j'eus soin de le prévenir, en plaçant ma montre devant moi, que je ne le retiendrais pas longtemps.

A peine parlais-je depuis un moment, que je m'aperçus de la disparition de ma montre et l'entrevis au travers des doigts de Mgr Gouthe-Soulard,

— Ah, Monseigneur ! lui dis-je, je constate une fois de plus qu'on n'est jamais trahi que par les siens !...

Et Sa Grandeur de me répondre aimablement, avec un sourire un peu narquois :

— J'ai voulu vous empêcher de trahir l'attente de vos auditeurs en abrégeant votre discours.

Je n'en évitai pas moins de le trop prolonger, et mes auditeurs me surent gré de ne pas leur avoir fait attendre celui de l'abbé Lemire.

Ce n'était pas la première fois, d'ailleurs, que je rencontrais l'abbé Lemire dans une grande réunion. Il avait, quelque temps auparavant, présidé une conférence sur les Syndicats agricoles que j'avais été invité à faire au Cercle catholique des étudiants à Paris, et s'était montré très aimable président. Il avait parlé en termes chaleureux de la terre, des agriculteurs, et appuyé d'observations très judicieuses mon plaidoyer en faveur des Syndicats agricoles.

Je me souviens d'avoir entendu, au sortir de cette réunion du Cercle du Luxembourg, une parole dont je fus frappé et qu'on n'entendrait peut-être plus aujourd'hui :

— Il est curieux de constater combien les jeunes s'intéressent aux questions sociales. Dès qu'on annonce une réunion dans laquelle il en sera question, ils y viennent en foule.

J'avais eu, en effet, un nombreux et vibrant auditoire de jeunes gens.

§ IV. — *L'Union Catholique de la France agricole.*
— *Le Congrès National Catholique de Paris en 1897.* — *L'Union des classes.*

Ces diverses œuvres, retraites, Congrès, pèlerinages, qui ont rendu de réels services aux Syndicats agricoles dans les premiers temps de leur existence, en les faisant connaître dans les milieux où ils n'étaient que peu connus, ne reposaient malheureusement sur aucune œuvre stable, sur aucun groupement central ou régional, susceptible d'assurer leur continuité.

Ils étaient le fait de quelques individualités, laïques ou ecclésiastiques, et risquaient de voir leur existence, ou tout au moins l'esprit, le but dans lequel ils étaient organisés, compromis par la disparition de ceux-ci ou par toute autre cause.

Il importait donc d'établir une œuvre nouvelle qui, tout en demeurant complètement indépendante des Syndicats agricoles, pût trouver parmi quelques-uns de leurs membres, et en même temps leur apporter, un concours efficace.

C'est de ce besoin qu'est née *l'Union catholique de la France agricole* (U. C. F. A.) qui, d'après ses statuts, a pour but « de donner à la famille professionnelle le moyen de rendre à Dieu le culte familial qui lui est dû ». Et dans un vœu formulé dans son Congrès de 1920, elle déclarait « que les membres de l'U. C. F. A. doivent savoir qu'ils ont un devoir à remplir en adhérant aux organisations agricoles et aux institutions qui leur sont annexées, pour participer à leur action avec conscience et dévouement ».

Fondée à Paris, dans la basilique du Sacré-Cœur de Montmartre, en 1916[1], pour demander à Dieu, au nom des agriculteurs, la fin de la guerre par la victoire, elle s'est promptement développée et existe actuellement dans un bon nombre de diocèses. Il serait à souhaiter qu'elle fût connue davantage et créée là où elle n'existe pas encore.

Chaque année, depuis 1916, à la fin de la session de la Société et de l'Union centrale des agriculteurs de France, l'U. C. F. A. fait un pèlerinage et tient son Congrès à Montmartre, sous la présidence de M. de Bohan, son président et fondateur, qui est aussi président du Syndicat de Champagne. Près d'un millier d'agriculteurs, venus de tous les points de la France, et surtout des régions parisienne, normande, champenoise, y prennent part. Une nuit

---

1. Demeurant à Paris à ce moment-là, il m'a été donné de participer à la fondation de l'U. C. F. A. avec M. de Vilmorin, avec MM. Petit et Blanchemain, morts depuis, avec M. Prosper Gervais, vice-président de la Société des agriculteurs de France. L'idée de sa fondation à Montmartre appartient à M. de Bohan, président de l'important Syndicat de Champagne, qui, dès 1912, y venait avec de nombreux membres de son Syndicat, faire une nuit d'adoration dans la basilique.

Quoique l'U. C. F. A. n'ait été fondée qu'en 1916, j'ai cru devoir en parler dans cette première partie de mes souvenirs, parce qu'elle constitue une tentative d'organisation centrale des diverses œuvres religieuses auxquelles nous participions, à la fin du siècle dernier.

d'adoration, avec une messe de minuit, précède la séance du Congrès, qui a lieu à une heure matinale. Une messe solennelle, suivie d'un sermon de circonstance donné par un évêque, d'une consécration de la France agricole au Sacré-Cœur et d'un Salut solennel, remplit le reste de la matinée, et le Congrès s'achève par un banquet.

Mais là ne se borne pas l'activité de l'U. C. F. A. Les Comités diocésains organisent des pèlerinages, des Congrès, des journées ou des semaines rurales, où sont étudiées les questions relatives aux Syndicats agricoles et à leurs multiples institutions annexes ; ils créent des œuvres telles que l'œuvre du blé eucharistique, fondée dans le diocèse de Rouen, qui est parvenue, grâce à ses adhérents et au concours que ceux-ci ont pu obtenir çà et là, à recueillir une quantité de blé suffisante pour assurer pendant une année, aux élèves des Séminaires, le pain nécessaire à leur subsistance, et pour faire des centaines de milliers d'hosties, réparties entre les paroisses au moment des fêtes de Pâques.

Ailleurs, comme dans le diocèse de Versailles, ce n'est pas seulement du pain que des œuvres analogues fournissent aux Séminaires, mais encore des pommes de terre, des légumes, des fruits, etc. On voit tout l'intérêt qu'il y aurait à propager partout l'U. C. F. A.

Sans viser à obtenir d'aussi beaux résultats que dans les riches diocèses de Normandie et de Seine-et-Oise, on arriverait, en faisant quelques efforts, à fournir en nature un appoint considérable de tout ce qui est nécessaire à la nourriture des séminaristes et on allégerait ainsi les lourdes charges qui pèsent sur les budgets des diocèses.

Grâce à cet allègement, les évêques pourraient augmenter un peu les traitements de misère dont doivent se contenter la plupart de nos prêtres, et alimenter les Caisses de secours et de retraites, insuffisantes trop souvent pour subvenir aux besoins des malades, des infirmes et des vieillards.

Un autre but de l'U. C. F. A. c'est de travailler à établir et maintenir l'union entre tous les agriculteurs, quels qu'ils soient, grands, moyens et petits, patrons et ouvriers, propriétaires, métayers et fermiers.

Et où cette union, si nécessaire, si essentielle à la prospérité de la profession agricole et du pays lui-même, peut-elle s'affirmer et se fortifier davantage que dans les réunions que l'U. C. F. A. organise sur le modèle de celle de Montmartre et où elle s'applique à pénétrer ses membres du sentiment de ce qu'ils doivent à Dieu et de ce qu'ils se doivent les uns aux autres, à leur rappeler que les Syndicats agricoles ont une mission sociale à remplir et doivent demeurer comme un trait d'union entre tous les membres de la famille agricole, quelle que soit leur condition ?

*
* *

C'est cette idée que j'avais développée dans un discours que j'avais été invité à faire au Congrès

national catholique, tenu à Paris en décembre 1897.
J'avais dit en abordant le sujet :

« Vous savez aussi bien que moi, Messieurs, combien souffre notre pays à l'heure actuelle de la divi-
sion des esprits et des cœurs, de l'antagonisme, chaque jour plus accentué, entre les pauvres et les riches,
entre les patrons et les ouvriers, entre ceux qui possèdent et ceux qui ne possèdent pas. Il y a là, pour
la société, la menace d'un grand danger. Si les
Syndicats agricoles ne l'ont pas entièrement con-
juré, ils l'ont atténué du moins en commençant à
réaliser la réconciliation et le rapprochement des
classes.

« Combien d'hommes, autrefois, grands propriétaires et paysans, qui, vivant sur le même sol et dans
le même pays, se connaissaient à peine, passaient
indifférents les uns à côté des autres, se contentaient d'échanger un froid salut, un timide bonjour
lorsqu'ils se rencontraient, n'osant pas s'aborder
parce qu'ils n'avaient rien à se dire et pressés d'en
finir et de se séparer quand une affaire les obligeait
à se parler ! Mais voilà que les Syndicats agricoles
sont venus, on s'est rencontré dans les réunions,
on a causé des choses de la terre, des besoins des
cultivateurs, des satisfactions à y apporter, on a fait
connaissance, la glace a été rompue, on s'est trouvé
mutuellement meilleur qu'on ne se croyait, on a
appris à s'aimer, et, à présent, quand on se rencontre, les regards se recherchent, les mains se tendent,
un courant de sympathie et d'amitié s'établit entre
les cœurs, on multiplie les occasions de se retrouver

au lieu de les fuir comme par le passé, et dans toutes les réunions règnent la cordialité la plus grande
et la vraie fraternité, la fraternité chrétienne. »

J'avais ensuite montré l'union des classes sauvant
la France, aux heures les plus tragiques de son histoire et j'avais ajouté :

« Au début du xv° siècle on avait vu les Etats pro-
vinciaux maintenir l'union étroite et complète entre
le peuple fidèle et la noblesse qui hésitait entre le
roi de France, Charles VII, et le roi d'Angleterre.

« Au xvi° siècle, le peuple catholique, groupé autour
de ses prêtres et de ses chefs, avait, par sa résistance,
fait entendre à Henri IV qu'il ne serait jamais roi
de France s'il n'abjurait pas l'hérésie.

« Et plus tard, à l'époque de la Révolution, les
paysans vendéens, résolus à défendre leur religion,
n'étaient-ils pas allés eux-mêmes chercher dans
leurs châteaux, pour les commander, les Beau-
champ, les d'Elbée, Lescure, La Roche-Jacquelein ?
Et n'est-ce pas l'union étroite entre les châtelains
et les paysans qui a empêché la religion de sombrer
dans la crise révolutionnaire et contribué, dans une
large mesure, à rendre possible le Concordat de
1801 ? »

Quelle fâcheuse idée ont eue, ces derniers temps,
quelques-uns des nôtres de travailler à séparer dans
notre œuvre syndicale les grands propriétaires des
petits, en persuadant à ceux-ci qu'ils n'avaient besoin de personne pour faire leurs affaires

En vérité, ne sommes-nous pas tous solidaires ? N'avons-nous pas mutuellement des services à nous rendre, des devoirs à remplir les uns envers les autres ! Et n'est-ce pas Dieu qui a créé ces devoirs, en permettant que les conditions de la vie ne fussent pas les mêmes pour tous ?

Demeurons donc unis, dans nos Syndicats, travaillons à y faire régner les sentiments de justice, d'amitié, de fraternité. L'intérêt de nos Syndicats, notre intérêt personnel, l'intérêt de la France nous le commandent.

*
* *

Au cours des premières années du Syndicat d'Allex, j'eus l'occasion de constater que la mentalité de nos braves paysans dauphinois ne différait guère de celle des paysans vendéens et qu'ils avaient une compréhension identique de l'union des classes.

A ce moment-là, quelques habitants d'une importante commune voisine faisaient partie du Syndicat d'Allex. Ils eurent bien vite compris et apprécié l'importance et les avantages des Syndicats et vinrent un jour me faire part de leur désir d'en fonder un dans leur commune.

— Mais il nous faut un président, ajoutèrent-ils, et nous vous serions bien reconnaissants de demander à votre ami, M. de X..., de vouloir bien nous aider et accepter la présidence du Syndicat.

Je les encourageai fortement à donner suite à leur projet.

— Quant à la démarche que vous me demandez

de faire auprès de mon ami de X..., c'est à vous de la faire, leur dis-je. Je l'ai faite déjà, sans que vous vous en soyez doutés, je l'ai engagé à fonder un Syndicat sans réussir à le convaincre, mais si vous l'en priez vous-mêmes et lui demandez d'être votre président, soyez certains qu'il acceptera volontiers.

Ainsi dit, ainsi fait, et il advint ce que j'avais prévu ; mon ami accepta avec empressement de fonder un Syndicat, d'en être le président, et sous sa direction intelligente et dévouée, le nouveau Syndicat ne tarda pas à devenir un des plus florissants de la Drôme.

CHAPITRE SIXIÈME

Le Congrès agricole et syndical de Nice.
Concours et Prix

---

§ I. — *Le Comte de Chambrun et les Syndicats agricoles.*

Un Congrès d'un autre genre, uniquement agricole et syndical, celui-là, et qui devait avoir sur
l'avenir des Syndicats une influence des plus heureuses, fut tenu à Nice, en février 1897.

Un homme généreux, ardent, philanthrope, fort
riche, qui avait fondé à Paris le Musée social et en
assurait le fonctionnement, et que passionnaient les
questions sociales et ouvrières, le comte de Chambrun, ancien préfet et député de l'Empire, avait
entendu parler des Syndicats agricoles et éprouvait
un vif désir de les connaître.

Aveugle depuis longtemps, et d'un âge avancé,
il ne lui était pas possible d'aller visiter et étudier

sur place quelques-uns d'entre eux. Ne pouvant pas aller à eux, il eut l'heureuse pensée de les convier à venir à lui dans la personne de quelques-uns de leurs membres. Il invita à une réunion, dans sa belle villa de Nice, les présidents des Unions de Syndicats, déjà nombreuses sur divers points de la France, et étendit son invitation à un certain nombre de présidents de Syndicats qui lui avaient été signalés comme étant particulièrement dévoués à la propagation des Syndicats agricoles.

J'eus la bonne fortune d'être de ceux-là, et me rendis avec empressement à l'invitation du comte de Chambrun.

Si vaste qu'elle fût, sa villa était trop étroite pour qu'il fût possible d'y héberger tous ses hôtes. Il en loua plusieurs dans le voisinage de la sienne et tous nous fûmes confortablement installés.

J'eus pour voisin le comte de Laubier, président de l'Union de Bretagne. Nous ne nous connaissions pas, mais nous avions à peu près le même genre d'existence, la même manière de voir sur la plupart des questions qui s'agitaient à ce moment-là. La connaissance fut vite faite, et nous ne tardâmes pas de devenir bons amis.

Toutes nos journées se passaient à la villa de M. de Chambrun, et nous y prenions nos repas.

Nous avions deux longues séances de travail. Les premières séances furent remplies par l'exposé que chacun de nous fut invité à faire des œuvres réalisées, des institutions fondées, des services rendus par son Syndicat.

Un bon nombre de questions syndicales et agricoles furent mises à l'ordre du jour des séances du Congrès, et furent l'objet de rapports spéciaux. Je fus chargé du rapport relatif à la carte des Unions régionales de Syndicats ; j'exposai la situation actuelle des Unions déjà existantes, qui rayonnaient dans 61 départements et proposai au Congrès d'émettre un vœu demandant aux Syndicats des 24 départements qui n'avaient pas encore d'Unions, de s'affilier aux Unions existantes ou d'en fonder de nouvelles, en se groupant suivant leurs affinités.

Ai-je besoin de dire que notre séjour à Nice fut des plus agréables en même temps que très profitable à tous ? En faisant connaître à notre hôte nos Syndicats dans tous les détails de leur organisation et de leur fonctionnement, nous ne fûmes pas sans bénéficier les uns et les autres de cet exposé si complet et si varié de l'œuvre qu'ils avaient déjà accomplie. Ce fut pour nous un véritable enseignement mutuel.

J'avais retrouvé à Nice plusieurs de mes amis de l'Union du Sud-Est, Émile Duport, Antonin Guinand, Anatole de Fontgalland, le marquis de Villeneuve Trans, président de l'Union de Provence, et bien d'autres encore.

Le Congrès se termina par un banquet au cours duquel le marquis de Villeneuve Trans, président de l'Union de Provence, notre doyen d'âge, porta un toast charmant au comte de Chambrun, pour le remercier de sa magnifique hospitalité. M. de Chambrun nous dit ensuite la grande satisfaction que nous

lui avions apportée, au soir de sa vie, en le ramenant
à son point de départ, à la terre qu'il avait beaucoup
aimée dans sa jeunesse :

— Je suis heureux d'y revenir, comme le cerf
blessé revient mourir à la clairière d'où il a été
lancé.

Et dans les conversations qui suivirent, il fit part
à quelques-uns d'un projet qu'il caressait. Il son-
geait à laisser aux Syndicats agricoles sa villa de
Cannes pour en faire une maison de retraite où les
vétérans de l'agriculture vieillis et isolés, pourraient venir se reposer et passer leurs vieux jours.

Ce projet, hélas ! n'a pas eu de lendemain !... Les
agriculteurs étaient moins sympathiques à l'entou-
rage du comte de Chambrun qu'à lui-même, et
j'imagine qu'il ne dut pas être encouragé à orienter vers eux ses libéralités.

§ II. — *Le Concours entre les Syndicats agricoles.
— Distribution des prix au Musée Social. —
Rapport de M. de Rocquigny. — Discours de
MM. Emile Duport, Méline, président du Con-
seil, du comte de Chambrun. — Succès des
Syndicats de l'Union du Sud-Est. — Les Syn-
dicats d'Allex et de Crest obtiennent ex-aequo
un Grand Prix.*

A la fin du Congrès, le comte de Chambrun nous
fit part d'un autre projet, et celui-là bien arrêté.
Il se proposait d'organiser un concours entre tous

les Syndicats agricoles de France et offrait une
somme de 25.000 francs pour des prix à décerner
aux Syndicats qui auraient donné le plus de preuves
d'initiative en matière d'économie sociale et agricole. Il y ajoutait une médaille d'argent pour les
syndicats qui, quoique méritants, ne seraient pas
primés.

Ce n'est pas tout : pour orienter les Syndicats
vers la prévoyance, il annonça son intention d'organiser, en 1898, une fête du travail agricole dans
laquelle un certain nombre de rentes viagères de
200 francs seraient attribuées à de vieux ouvriers
agricoles, réunissant les conditions requises d'âge
et de services ininterrompus dans la même maison.
Il fut décidé que la présentation des candidats à la
pension de 200 francs seraient désignés par les Syndicats agricoles primés dans le concours et par ceux
qui auraient obtenu la médaille d'argent.

Le bureau de l'Union centrale fut chargé de l'organisation du concours entre les Syndicats agricoles
et adressa à tous ceux dont elle connut l'existence
une circulaire qui en précisait les conditions.

Il y joignit un questionnaire très détaillé comprenant tous les services et institutions divers qui
avaient été réalisés par les Syndicats.

1.676 Syndicats reçurent la circulaire, et 153
seulement prirent part au concours.

Je répondis aux questions posées dans deux rapports, dans lesquels j'exposai tout ce qu'avaient
fait les Syndicats d'Allex et des cantons de Crest,
depuis leur fondation.

Le jury du concours répartit en 4 grands prix de
2.000 francs et en 17 prix de 1.000 francs, la somme de 25.000 francs mise à sa disposition par M. de
Chambrun.

La distribution des prix et des médailles eut lieu
à Paris, le 31 octobre 1897, sous la présidence de M.
Méline, ministre de l'Agriculture et président du
Conseil. Elle fut très solennelle, et, pour beaucoup de
personnages de marque qui y assistèrent, hommes
politiques ou autres, elle fut une véritable révéla-
tion du mouvement syndical dans l'agriculture
dont l'agitation de la vie parisienne ne leur avait pas
permis de s'apercevoir.

M. de Rocquigny présenta un remarquable rapport
sur le concours, et résuma très heureusement les
titres multiples des Syndicats couronnés. M. Emile
Duport, président du Syndicat de Belleville, qui
avait obtenu le premier grand prix du concours,
prononça un très beau discours sur l'avenir du
Syndicat.

Il insista sur cette idée, que si l'Etat voulait faire
quelque chose d'utile pour le pays, il devait s'appuyer sur l'association locale, *l'association libre*, et
il félicita M. Méline de l'avoir compris en donnant
pour base au crédit agricole mutuel le Syndicat
agricole dans la loi qui l'établissait.

Nous ne pouvons aujourd'hui que déplorer que
les successeurs de M. Méline n'aient pas suivi son
exemple, et aient construit tout leur système d'assurances sociales sur une organisation essentiellement

étatiste, presque uniquement appuyée sur le fonc-
tionnarisme.

Après M. Duport, ce fut le tour de M. Méline de
prendre la parole. Il marqua bien la formation spontanée des Syndicats agricoles :

Chose curieuse et bien digne de remarque, dit-il en
s'adressant au marquis de Chambrun et aux dirigeants
du Musée social, vous n'avez rien eu à apprendre à ceux
que vous appeliez ici. C'est de ce monde agricole, qu'on
avait cru jusqu'ici voué à l'esprit de routine invétéré et
dépourvu de toute initiative, qu'est partie l'étincelle qui
doit régénérer le monde, et c'est d'elle que procède ce
mouvement immense qui est en train de s'accomplir sur
tous les points du territoire et qui ne fait que commencer.

Le comte de Chambrun termina la séance en remerciant M. Méline, digne successeur de Sully, et
annonça, pour l'année d'après, le concours pour les
rentes viagères qui seraient allouées aux vieillards,
anciens ouvriers agricoles, les plus méritants.

S'adressant aux présidents des Syndicats primés
et médaillés, il leur dit :

Qu'il me soit permis de vous le confier, mes chers
camarades des Syndicats, vous avez un grand défaut,
vous êtes mes pareils. L'année prochaine, au contraire,
arriveront ici, dans leurs blouses et leurs sabots, ou leurs
souliers ferrés, les paysans auxquels nous offrirons, pour
leurs vieux jours, des rentes viagères...

Un splendide banquet de 250 couverts, servi dans
l'hôtel princier du comte de Chambrun, clôtura cette

belle fête, qui fit connaître les Syndicats à une foule de gens qui les ignoraient.

Les Syndicats de l'Union du Sud-Est furent particulièrement heureux dans ce concours.

Le premier grand prix fut attribué au Syndicat de Belleville, qui avait déjà brillamment réalisé toute la gamme des services professionnels et sociaux que peut rendre un Syndicat agricole, grâce au dévouement inlassable de son dévoué président, Emile Duport. Les Syndicats d'Allex et de Crest obtinrent *ex æquo* le quatrième grand prix. Le rapporteur voulut bien dire que j'avais le droit de prendre une large part dans la haute récompense que le jury leur avait attribuée. Le Syndicat de Saint-Genis-Laval, présidé par M. Antonin Guinard, et celui de Die, présidé par Anatole de Fontgalland, obtinrent l'un et l'autre un prix de 1.000 francs et la médaille d'argent.

§ III. — *Le syndicat d'Allex fête son succès. — Une Félibrée aux Ramières.*

Cette grande et belle journée eut son lendemain, modeste assurément, mais joyeux, dans nos Syndicats.

Dès le dimanche suivant, le Syndicat d'Allex se réunissait pour fêter le grand prix qu'il venait d'obtenir. Je racontai en détail les fêtes de Paris et apportai aux membres du Syndicat la part qui leur revenait à tous dans les félicitations que lui avait values son beau succès.

Je rappelai le dévouement de tous, celui surtout de notre secrétaire, Jules Chambaud, de nos agents et trésoriers, Louis Chauvin et Prosper Colin, qui, pendant quatre ans, avaient géré gratuitement le magasin et la buvette, et j'ajoutai :

« Les Syndicats agricoles se sont imposés à l'attention publique, ils se sont affirmés en plein Paris, ils se sont révélés à beaucoup de gens qui ne les connaissaient pas... ils ont été salués comme une institution et une puissance sociales par le président du Conseil des ministres, M. Méline ».

J'adressai ensuite nos actions de grâces à Dieu qui a béni nos efforts, et nos remerciements au comte de Chambrun, à nos amis du Sud-Est, MM. Duport, Guinand, Riboud, qui ont facilité notre tâche, aux félibres qui ont charmé nos réunions, nos fêtes.

Je terminai en indiquant les enseignements qui se dégageaient pour nous de notre succès. Fidélité à notre Syndicat et aux sentiments de foi et d'indépendance, résumées dans notre devise : *Cruce et aratro*.

**
* **

Deux mois après, le 16 janvier suivant, à l'occasion de notre assemblée générale, je revins sur le concours où nous avions remporté un grand prix ; je rappelai les services désintéressés de nos collègues, Louis Chauvin et Prosper Colin, et leur of-

fris, au nom du Syndicat, une pendule, autour du
cadran de laquelle une inscription rappelait leur
désintéressement.

Après qu'on eut vigoureusement applaudi nos
collègues, le vice-président du Syndicat, M. Chi-
rouze, demanda la parole. Ce fut à moi qu'il
s'adressa, et dans une allocution pleine de sentiments les plus délicats, il me dit qu'à moi aussi le
Syndicat et tous ses membres devaient beaucoup,
qu'il était heureux de me remercier et de me témoigner la gratitude de tous par un souvenir.

Et il m'offrit un très beau bronze de Frémiet :
Deux chevaux tirant à plein collier.

— Acceptez ce modeste souvenir, cher président,
me dit-il, il est fait de l'obole de tous les membres
du Syndicat, qui sont heureux de vous l'offrir avec
son inscription : *Hommage des membres du Syndicat agricole d'Allex à leur cher président, M. H.
de Gailhard.*

Très surpris et très ému, je répondis combien
j'étais touché et reconnaissant de ce témoignage de
sympathie.

— « Vous ne me devez rien, et je vous dois tant...
Quand le bon Dieu donne à un homme de l'influence, de la fortune, de la vigueur, des loisirs, ce
n'est pas uniquement pour son profit personnel qu'il
les lui donne ; c'est pour qu'il les mette au service
de ses concitoyens. Je n'ai fait que mon devoir. Il
vous a plu de me remercier ; à mon tour, je vous
remercie de tout cœur. Dans ces deux chevaux qui
tirent de toutes leurs forces, permettez-moi de trou-

ver un enseignement et un symbole. C'est que notre
œuvre n'est pas finie, qu'il y a beaucoup à défri-
cher encore dans le vaste champ du Syndicat et des
institutions qui s'y rattachent. Eh bien !... Je vous
le promets, je m'attellerai à cette besogne avec toute
mon énergie et toute ma force et, s'il plaît à Dieu,
nous ferons encore du bon ouvrage. »

Cette réunion fut suivie d'une autre, quelques
jours après. J'avais voulu remercier les membres
du Syndicat autrement que par quelques paroles,
et les avais invités à passer une après-midi aux
Ramières.

J'avais invité aussi la troupe félibréenne des Rives
de Granette, quelques amis des environs, parmi
lesquels mon ami, M. Champanhet, rédacteur du
Messager de Valence, qui appréciait beaucoup les
réunions de ce genre.

Il en rendit compte dans le *Messager* du 14 mars
et je ne peux mieux faire que de reproduire son
compte rendu, écrit le lendemain même de la réunion.

« Le beau domaine des Ramières, entouré de ses
verdures naissantes, baigné des rayons d'un début
hâtif de printemps, était hier en fête.

« Une grande félibrée avait été organisée par le
maître de céans, M. de Gailhard-Bancel, qui tenait
à réunir les membres du Syndicat agricole d'Allex
et à les remercier de la manifestation précieuse et
rare qu'ils faisaient naguère en son honneur.

« A midi, de nombreux invités se pressaient autour
d'une table hospitalière. M. de Gailhard avait à ses

côtés sa sœur, Mme la vicomtesse de Cantel, rem-
plaçant Mme de Gailhard, retenue à Marseille ;
MM. de Parisot de la Boisse, président du Syndicat
d'Etoile ; Michel, Brun, Almoric, etc. ; puis venaient
des délégués de Crest, Grane, Chabrillan, Roynac,
Châteauneuf-de-Mazenc, des félibres, des journalis-
tes, etc. ; beaucoup d'entrain et de cordialité.

« Au dessert, M. de Gailhard remercie tous ceux
qui sont venus. En parler local, il adresse un salut
charmant aux félibres, et après un mot aimable
pour les journaux représentés, il termine en portant
un toast au Syndicat, à l'amitié, à la patrie.

« M. Gatien Almoric le remercie dans une impro-
visation en langue dauphinoise, toute faite de belle
humeur, d'esprit et de finesse.

« — Vous recevez si bien tout le monde, qu'une
fois entré on a envie de vous dire   « Bonhomme,
la maison est à nous !... »

La traduction ne pourrait que déflorer cette jolie
page, disons qu'elle était exquise autant qu'ap-
plaudie.

Notre rédacteur en chef succède à M. Almoric.

Il fait allusion aux fêtes d'août où les félibres des
rives de Granette obtinrent un si grand succès.

« La promenade d'aujourd'hui, dans l'agreste vallée de la Drôme, dit-il, me paraît la suite du voyage à
travers les splendeurs de la vallée du Rhône, notre
fleuve de gloire, et, après avoir salué dans la ma-
gnificence des sites et des souvenirs les ombres évo-
quées de Laure et de Mireille, il m'est doux de
saluer Rose et Julie, les filles poétiques de notre

majoral Almoric. Ce n'est point là plaisir d'un poète que je ne suis pas, mais une sorte de devoir de patriote, car ces images ne sont pas des fictions, elles sont les créations de nos poètes du terroir, les fleurs du sol, l'idéalisation de là terre bénie, aimée et chantée par eux ».

Et notre ami fait remarquer, à ce sujet, que c'est du félibrige drômois, du Syndicat agricole d'Allex, qu'est partie une des premières protestations contre les manœuvres du Syndicat Zola.

« L'honneur, en grande partie, vous en revient, Monsieur de Gailhard, dit-il, mais vous n'avez pas pour cela, accompli toute votre tâche ; nous espérons tous la voir complétée par votre entrée dans la grande lutte électorale qui va s'ouvrir. Laissez-moi vous le dire, sous votre toit : vous êtes attendu. En nos temps de découragement et de lassitude, vous montrez tant de zèle et de foi, que beaucoup se reprennent à agir par votre zèle et à espérer par votre espérance ; vous avez, comme votre illustre ami le comte de Mun, la croyance du croisé, le courage du chevalier, la parole de l'apôtre, et l'heure est venue. Ici ou ailleurs, où vous le voudrez, nous serons les laborieux de votre effort, les enthousiastes de votre succès, et si on nous demande votre œuvre, nous montrerons cette vallée transformée, cette longue campagne jamais finie, ces assemblées où vous avez attiré les foules frémissantes et blessées, les Syndicats où vous avez tant mis de votre cœur, le long chemin parcouru, jalonné de résultats et d'espoirs, et on saluera, comme on salue une aurore, les moissons que votre geste fit germer : je bois au courage, au dévouement, au patriotisme, à M. Gailhard-Bancel ».

Ces paroles sont à chaque instant, couvertes de chaleureux applaudissements, non certes pour elles-mêmes, mais en raison du vœu qu'elles expriment et qui est celui de tous.

Après les discours, on entend les chansons toutes en langues d'oc, et *Le Labouraire*, *Lou Paysan*, les airs déjà populaires, puis Almoric entonne l'air de *La Coupe*, le chant sacré dont toute l'assistance reprend en chœur le refrain qui vibre ici comme dans les lointains pays de la Provence, de l'Aquitaine et de la Catalogne, où il unit tout le félibrige dans l'amour du pays et du rythme

Lorsqu'il me portait le toast qu'on vient de lire, Champanhet n'ignorait pas qu'il était déjà question de ma candidature dans l'Ardèche pour les élections législatives du mois de mai. Il avait été mêlé aux premières démarches qui avaient été faites auprès de moi à ce sujet.

Il tint la promesse qu'il m'avait faite, et lorsque ma candidature fut posée, il publia une brochure pour la recommander à ses compatriotes de l'Ardèche, et, dans un appel chaleureux, les convia à me donner leurs suffrages.

Je n'ai pas à raconter ici cette campagne électorale, quoique je l'ai faite pour une large part sur le terrain agricole. Je dirai seulement qu'elle aboutit à un échec, mais échec très honorable qui fut le prélude d'un succès prochain et répété.

9

§ IV. — *Concours pour des pensions de retraites
aux vieillards. — Le Syndicat de Crest fête son
lauréat ; poésie de M. L. de la Boisse ; toast
d'un cultivateur.*

Ceci dit, je reviens à nos Syndicats qui, au moment où se fêtait leurs succès, se préoccupaient du
choix des candidats qu'ils avaient à présenter au
concours que M. de Chambrun avait annoncé pour
les vieillards et pour lequel les Syndicats primés et
médaillés devaient désigner les candidats.

Les Syndicats d'Allex et de Crest choisirent les
leurs : Jacques Vallon, pour Allex ; Clément Perminjat, pour Crest.

Clément Perminjat obtint un des titres de pension de 200 francs, Jacques Vallon et deux autres
vieillards du Syndicat de Crest, une médaille d'argent.

Le Syndicat des cantons de Crest eut à cœur de
fêter son lauréat et de lui remettre solennellement,
avec la médaille d'argent, le titre de pension de 200
francs qui lui était échu.

Il serait trop long de reproduire ici le compte
rendu de cette fête. Disons seulement qu'après avoir
défilé dans les rues de la ville de Crest, en allant
assister à la messe, les 300 membres du Syndicat,
présents, prirent part à un plantureux et joyeux
banquet.

Le héros du jour, le père Clément Perminjat,

était à la droite du président, et les autres vieillards qui avaient obtenu une médaille, étaient également à la table d'honneur.

Le président de l'Union du Sud-Est était représenté par son dévoué et distingué collaborateur et ami, Léon Riboud, vice-président de l'Union.

Au dessert, je portai la santé du comte de Chambrun, à qui nous devions de pouvoir honorer et récompenser quelques-uns de nos vieillards, et conviai les jeunes à demeurer fidèles à leur profession et à leur village, et à se préparer par leur travail, leur esprit d'ordre et d'économie, une vieillesse aussi belle que celle de leurs anciens. Je procédai ensuite, au milieu des applaudissements et des vivats à la remise du titre de rente de 200 francs au père Clément Perminjat, et des médailles d'argent aux vieillards qui étaient à mes côtés, et leur souhaitai encore longue vie.

Almoric, suivant sa coutume, porta un charmant toast en parler local, et M. Louis de la Boisse, fils du président du Syndicat d'Etoile, nous dit les beaux vers que voici :

" CRUCE ET ARATRO "

Sur Rochecourbe, un blanc nuage,
Courrier de la froide saison,
Laissa, l'autre jour, au passage,
Quelques lambeaux de sa toison ;

Et, sur ces pentes qu'assiège
L'azur pur encore des cieux,
On vit, par un galant manège,
Le soleil de ses derniers feux
Lutiner la première neige.

Dans ce cadre d'argent et d'or,
Les deux saisons, qu'on croit en guerre,
Signaient une paix éphémère,
Et l'été donnait sans effort,
Un baiser à l'hiver son frère.

Charmant tableau vraiment pour l'âme et pour les yeux.
Un tel spectacle ici, se reproduit, Messieurs.
Jeunes gens, hommes mûrs, nous tous dont l'existence
N'en est qu'à son avril, et chante l'espérance,
Réunis aujourd'hui dans un commun repas,
Autour de cette table où l'on ne vieillit pas,
Nous venons saluer les vieux de la campagne,
Nos anciens, nos aînés, que décembre accompagne,
Les païens de jadis, pareils aux animaux,
Voyaient, dans de longs jours, le plus grand de leurs
Et craignant la vieillesse à l'égal du déluge   [maux,
Cherchaient, pour l'éviter, dans la mort un refuge,
Mais la croix a chassé tous ces nuages noirs,
De rose elle a teinté l'horizon de nos soirs.
Et rendant le couchant aussi beau que l'aurore,
Elle apprend chaque jour à l'homme qui l'implore,
Que la vieillesse est belle et que devenir vieux,
C'est marcher vers le but et s'approcher des cieux,
Sans doute, on trouve encore des mortels, dont l'envie
Est d'avoir seulement courte et bonne la vie ;
Ceux-là, fils du plaisir, par le vice habités,
Ne se trouvent guère plus qu'au sein de nos cités.

Mais aux champs, la charrue ouvrant le sol aride,
Sait conserver le cœur du paysan sans ride,
Content de son destin, satisfait de vieillir,
Car il a traversé ses beaux jours sans faillir,
Le laboureur voit, lui, venir le crépuscule,
D'un œil serein, reprend ses outils, son pécule,
Et joyeux, sous le chaume, il va finir ses ans,
Environné d'enfants et petits-enfants.
Cruce et aratro, — grâce à cette devise.
A tout âge, on se fait une vie à sa guise,
Pères, dans vos labeurs, qu'avez-vous recueilli,
Pour avoir, à ce point, le front enorgueilli ?
Avez-vous su trouver, en remuant la terre,
Quelque trésor caché jadis avec mystère,
Un tas de pièces d'or aux formes d'autrefois,
D'un héros inconnu retraçant les exploits,
Et courez-vous aux juifs, porter cette antiquaille
Non. Ils ont mis à jour une simple médaille,
Mais, pour eux, cette pièce a bien plus de valeur,
Car elle est bien plus rare, et porte un nom : le leur.
Que son éclat, dès lors, argente leur poitrine !
C'est leur honnêteté que sur eux il burine,
C'est le récit trop court gravé sur le métal,
D'une vie innocente et faite de cristal,
Car elle s'écoula dans les prés et le temple,
Puisse cette médaille à tous servir d'exemple !
Qu'ils la portent sans crainte, à l'endroit à l'envers,
Elle est partout sans tâche, et n'a pas de revers.

M. Emile Magnon, président de la section de
Cobonne, clôt la série des toasts par un véritable
discours, qui est à chaque instant interrompu par
les bravos et les applaudissements. Il retrace la

touchante histoire de son compatriote, Perminjat,
le père Clément, comme on l'appelle à Cobonne.
Puis il ajoute :

Maintenant, à mon humble avis, ce qu'il convient le
plus d'admirer et de retenir de ce derniers concours, c'est
bien plutôt l'esprit et le caractère qui lui a été donné que
la valeur des récompenses, que le chiffre des pensions qui
ont été accordées.

En invitant ainsi, de tous les points de la France, les
vieux vétérans agricoles, les vieux ouvriers domestiques,
grangers, fermiers, pour les faire concourir entre eux et
récompenser les plus méritants, M. le comte de Chambrun a voulu par là donner un témoignage éclatant de
l'estime et de l'intérêt qu'il portait à la classe des agriculteurs et stimuler, si toutefois je puis m'exprimer ainsi,
le zèle de nos Syndicats en faveur de cette même classe si
digne d'intérêt.

Mais, disons-le bien haut, à la louange de nos Syndicats, c'est ce même esprit de venir en aide au petit cultivateur qui les a tous fait naître, et c'est ce même esprit
qui les anime tous.

Oui, Messieurs, au moment où l'on parle beaucoup de
socialisme, de collectivisme, de réformes sociales irréali-
sables, de rêves utopiques, qui, le jour où l'on voudrait
en faire l'essai, seraient le bouleversement complet de la
société, les Syndicats agricoles poursuivent une œuvre
sociale, la seule pratique, la seule qui puisse nous donner
la paix et la prospérité ; cette œuvre-là, c'est celle du
rapprochement des classes.

Croyez-le bien et dites que c'est un paysan, un petit
travailleur de terre qui vous le dit : de tout temps, il y a
eu des inégalités de conditions ; de tout temps, il y a eu
des riches et des pauvres, et, de tout temps, il y en aura.

Mais il y a une chose que ces inégalités de condition et de fortune ne doivent pas nous faire oublier, et c'est là le point capital, c'est que nous sommes tous frères et que nous nous devons un mutuel soutien.

Nous ne saurions trop louer ici le rôle des grands apôtres de nos Syndicats. Ah ! ceux-là ont compris leurs devoirs, ils ont compris que si Dieu les avait plus particulièrement favorisés des dons de la fortune et du talent, ils devaient s'en servir au profit de leurs frères moins privilégiés, et qui, de leur côté, ne manquent pas de leur en témoigner leur plus vive reconnaissance.

L'exemple qu'ils donnent là est des plus édifiants, parce qu'en même temps qu'il témoigne de leur soumission à la loi divine par leur amour pour le peuple, il donne aussi le jour à cette ère d'apaisement, d'union et de vraie fraternité que tout le monde désire, mais que, malheureusement, bien peu travaillent à procurer.

Voilà comment nos paysans savent parler. Et voilà aussi qu'elle était en 1898 et quelle est encore leur conception de l'union entre les classes. C'est bien celle que j'affirmais moi-même au Congrès catholique de Paris l'année d'avant, dans les passages du discours que j'ai cités.

§ V. — *Mon élection à la Chambre des Députés en 1899. — L'Exposition de 1900.*

La fin de l'année 1899 allait apporter dans mon existence une transformation radicale. Le 31 décembre, à l'aube du siècle nouveau, j'étais nommé député de l'Ardèche.

On pourrait croire que cette élection fut le couronnement de mes campagnes en faveur des Syndicats. Si elles n'y furent pas étrangères elles ne suffisent pas à l'expliquer. J'avais parlé, et souvent, à maintes reprises, dans la plupart des départements de ma région, je n'avais pas fait une seule conférence agricole ou syndicale dans l'Ardèche. Si l'on cherche une cause à cette élection dans un département avec lequel je n'avais aucun lien, on la trouverea surtout, je crois, dans ma participation à l'organisation des retraites d'Aiguebelle, aux Congrès catholiques et aux pèlerinages.

Devenu député, je n'abandonnai pas cependant les Syndicats d'Allex et des cantons de Crest, que je présidais. Mais je dus renoncer à poursuivre les campagnes que j'avais faites les années précédentes, dans la région du Sud-Est.

Si je suis encore président du Syndicat d'Allex, j'ai dû prier mes amis du Syndicat des cantons de Crest, de me donner un successeur. Ils ont choisi pour le présider mon excellent ami, M. Pierre Girardon, mon collaborateur de la première heure, et ils ont bien voulu me confier l'honorariat de la présidence.

Mais si je ne pouvais plus servir la cause des Syndicats agricoles comme je l'avais fait jusqu'alors, à travers nos campagnes, j'allais avoir le moyen de leur rendre des services d'un autre genre, et j'ai fait, pendant les années que j'ai passées à la Chambre, tous mes efforts pour ne pas manquer à ce devoir.

Les débats parlementaires où il fut question des Syndicats agricoles feront l'objet de la seconde partie de ces pages de souvenirs. On y verra les difficultés qu'ils ont rencontrées dans cette période de leur existence, les périls qu'ils y ont courus, et auxquels ils ont échappé, grâce à la collaboration de ceux qui s'intéressaient à eux, à l'entente et à l'action concertée de leurs Unions régionales avec l'Union centrale, et aux concours inattendus que la Providence leur envoya.

Avant de clore cette première partie, je veux dire un mot de l'Exposition universelle de 1900, à laquelle nos Unions et nos Syndicats prirent part.

Assurément, ils furent un peu perdus dans l'immensité de cette Exposition, qui occupait une vaste étendue et couvrait je ne sais combien d'hectares. Ils y figurèrent cependant avec honneur, dans la section d'Economie sociale. Il y eut même des réunions où il fut question d'eux, et je me souviens qu'assistant à l'une de celles que présidait Jean Casimir-Périer, l'ancien président de la République, j'eus à tempérer les prétentions de certains professeurs d'agriculture qui prétendaient attribuer à l'Administration tout le mérite du développement des Syndicats dans nos campagnes.

Il ne serait pas exact de dire que mon intervention ait été accueillie avec bienveillance par les fonctionnaires qui composaient la majeure partie de l'auditoire ; je n'eus cependant pas à la regretter, et le président passa rapidement à une autre question

Les Syndicats d'Allex et de Crest obtinrent une

médaille d'argent. L'Union du Sud-Est et son président, Emile Duport, un grand diplôme d'honneur
et plusieurs médailles d'or.

Ce fut à l'occasion de l'Exposition que je publiai
le volume que j'intitulai : *Quinze années d'action
syndicale,* pour lequel François Coppée voulut bien
écrire une charmante préface.

Je réunis dans ce volume un certain nombre de
comptes rendus, d'écrits, de discours épars dans de
nombreux journaux et brochures. J'en ai reproduit
quelques extraits dans ces souvenirs, qui m'ont fait
revivre des années que je compte parmi les meilleures de ma vie.

DEUXIEME PARTIE

Les Syndicats Agricoles
à la Chambre des Députés

CHAPITRE PREMIER

Ma première législature

---

§ I. — *Mon élection à la Chambre des Députés.* — *Les coutumes parlementaires.* — *Les nouveaux élus et la Tribune.* — *Ma première intervention à propos du chômage.* — *La réduction des tarifs de chemins de fer pour les membres des Syndicats agricoles, à l'occasion de l'Exposition de 1900.*

Je suis devenu député dans des conditions si peu ordinaires, qu'à plusieurs reprises, inquiet des responsabilités que j'avais assumées, j'ai dû, pour me rassurer, me souvenir que je n'avais rien fait pour aller au-devant d'elles, que je ne les avais ni sollicitées ni recherchées.

Je n'avais jamais songé à devenir député de l'Ardèche, où je ne connaissais personne, et étais très peu connu. Lorsqu'à ma grande surprise une candidature m'y fut offerte, j'hésitai beaucoup à l'accepter. Pour m'y décider, il fallut la grande insistance de la haute personnalité qui en avait eu l'idée, et les encouragements du grand chrétien qu'était mon beau-père, Henry Bergasse.

Les questions qui intéressaient l'agriculture et les questions religieuses étaient la grande préoccupation du moment ; et ce fut en effet comme agriculteur chrétien que je fus convié à engager, à l'âge de près de 50 ans, une campagne électorale. Après avoir été battu une première fois en 1898, ce fut à l'aube du xxᵉ siècle, le 1ᵉʳ janvier 1900, que je me réveillai député de Tournon.

Je n'ai à rappeler ici ni les péripéties de mes campagnes électorales, ni les circonstances politiques au cours desquelles je fus élu, ni les premières impressions d'un nouveau député, arrivant, seul de son espèce, au milieu d'une législature.

A tous les nouveaux venus à la Chambre il faut un certain temps pour se familiariser avec le milieu et les usages parlementaires. La Chambre n'est pas un auditoire facile, ni sympathique aux débutants. On a vu des orateurs de talent, des avocats réputés, ne pas réussir à se faire écouter. Certains même, après avoir hésité longtemps à faire leurs débuts, ont fini par ne pouvoir plus se décider à monter à la tribune. Sans compter qu'ils ont trouvé parfois des collègues, des amis politiques même, pour les confirmer dans leurs hésitations et leur persuader qu'un nouveau venu ne devait pas parler à la Chambre avant un an au moins.

Ce fut un ami de cette sorte qu'avait rencontré un de mes collègues, avec lequel j'avais eu bien vite d'excellentes relations. Il avait dans sa région une grande réputation d'orateur. Certain jour où je l'incitai à prendre la parole, il me déclara nettement que c'était trop tard, qu'il n'oserait jamais. Et comme je me récriai, il me raconta qu'un député de son département, qui avait une très grande notoriété, l'avait arrêté chaque fois qu'il avait eu l'intention de prendre la parole. Il lui avait fait une telle peinture des risques, des dangers de la tribune, qu'il avait réussi à l'en écarter pour toujours ! Et ce fut dommage vraiment, car les orateurs n'abondaient pas à droite, et ce collègue aurait été un orateur excellent.

J'eus la bonne fortune de ne pas rencontrer un pareil ami, et guettai l'occasion de débuter et de tenir la promesse que j'avais faite à mes électeurs, de défendre leurs intérêts agricoles.

Elle me fut fournie brusquement au cours de l'interpellation d'un socialiste, M. Vaillant, sur les mesures à prendre pour remédier au chômage qui menaçait les ouvriers, attirés en surabondance à Paris, par les travaux considérables nécessités par l'Exposition universelle de 1900

Le Ministre des Travaux publics avait déclaré, dans sa réponse à Vaillant, qu'il avait invité les fonctionnaires de son département à appliquer diverses lois, votées par le Parlement, en vue de parer au chômage.

Je demandai immédiatement la parole et, prenant

acte de la déclaration du Ministre, j'invitai le gouvernement à appliquer lui-même les lois votées en faveur de l'agriculture, depuis longtemps déjà, et qu'il semblait ignorer ; lois qui se rattachaient par un lien peu apparent peut-être, mais très réel, à la question du chômage. La désertion des campagnes n'est-elle pas, en effet, une des causes du chômage en amenant à la ville un trop grand nombre de travailleurs ? Et la fondation des caisses de retraites pour les ouvriers agricoles, l'extension du crédit agricole, n'étaient-elles pas un palliatif, un remède à la désertion des campagnes ?

C'était une lettre de l'Administrateur de l'Union du Sud-Est, notre regretté collègue Glas, qui, m'arrivant le jour même de cette discussion, avait attiré mon attention sur les questions des retraites et du crédit dont l'Union du Sud-Est se préoccupait beaucoup alors.

La loi qui avait créé les caisses régionales de crédit agricole destinées à faciliter le fonctionnement des caisses locales, en leur permettant de participer aux avances de la Banque de France, avait été votée le 31 mars 1899. Nous étions au 1er juin 1900, et elle n'était pas encore appliquée.

— C'est inouï, disais-je, ce retard gêne le fonctionnement de notre Caisse régionale de l'Union du Sud-Est. Hier encore elle a dû, faute de pouvoir participer aux avances de la Banque de France, refuser à une Caisse locale une avance des plus utiles pour des achats de bétail à réaliser.

Je m'adressai ensuite au Ministre du Commerce

dans les attributions de qui rentraient les Syndicats professionnels, pour lui demander de se montrer favorable aux Syndicats agricoles au lieu d'entraver l'action et l'initiative de ceux qui s'en occupaient, et je terminai en lui reprochant de n'avoir pas tenu suffisamment compte des indications qui lui avaient été fournies par les Syndicats pour la formation des listes des jurys de l'Exposition.

Mes observations avaient été par le fait non pas en dehors, mais en marge du sujet de l'interpellation sur le chômage et à plusieurs reprises on me cria à gauche que j'étais hors de la question.

M. Aynard, qui présidait la séance, fit observer que beaucoup d'autres orateurs avaient parlé de choses étrangères au débat et il ajouta :

— Notre collègue montant pour la première fois à la tribune, il me semblait que j'étais tenu vis-à-vis de lui à une courtoisie particulière.

Je le remerciai, et avant de quitter la tribune, j'invitai encore le gouvernement à exécuter promptement les lois votées en faveur de l'agriculture.

Le ministre de l'Agriculture me répondit que la loi relative aux Caisses régionales de crédit agricole allait être incessamment appliquée.

Je pris acte de sa déclaration et exprimai l'espoir que la Caisse régionale de l'Union du Sud-Est recevrait bientôt les avances qu'elle attendait impatiemment.

Mes amis de la droite m'avaient bien soutenu, mes adversaires socialistes, dont plusieurs savaient que je m'étais occupé des questions agricoles et sociales, s'efforcèrent par contre de me démonter par des interruptions multipliées. Ils en furent pour leurs frais, et je n'eus qu'à me féliciter de ce modeste début, qui m'avait permis de tenir sans tarder la promesse que j'avais faite à mes électeurs de défendre les agriculteurs et nos Syndicats agricoles.

*
* *

Ce fut encore une réclamation de l'Union du Sud-Est que je portai à la tribune lorsque j'y montai pour la seconde fois, quelques jours après.

On discutait une interpellation sur les tarifs de chemin de fer à prix réduits accordés aux ouvriers étrangers. L'exposition de 1900 battait son plein à ce moment-là et les sociétés sportives, musicales et autres obtenaient des réductions importantes pour leurs membres voyageant par groupes, avec leurs insignes, pour venir la visiter.

Averti par l'Union du Sud-Est que les compagnies de chemins de fer avaient refusé la même faveur aux membres des Syndicats agricoles, voyageant dans les mêmes conditions, je demandai la parole et insistai auprès du Ministre des Travaux publics pour qu'il obtint des compagnies le bénéfice des mêmes réductions de tarifs pour les membres de nos Syndicats.

— Il est bien juste, dis-je, que les gens qui travaillent soient aussi bien traités que les gens qui s'amusent.

Et je déposai une disposition additionnelle à l'ordre du jour proposé, pour inviter le Ministre à faire une démarche dans ce sens auprès des grandes compagnies de chemins de fer.

Le Ministre me déclara qu'il ferait cette démarche, mais s'opposa à l'addition à l'ordre du jour que je proposais.

J'insistai, et ma motion fut repoussée par une majorité de radicaux et de socialistes que, sans doute, les travailleurs de la terre intéressaient peu.

§ II. — *Je prends part à la discussion du Budget de l'Agriculture. — Les avances de la Banque de France pour le Crédit agricole. — Le Gouvernement présente un projet de loi à ce sujet. — Voté par la Chambre il n'est jamais discuté au Sénat.*

Au cours de la session extraordinaire qui commença dans les premiers jours de novembre, la Chambre discuta le budget de 1901.

La discussion du budget de l'Agriculture me fournit l'occasion d'intervenir à plusieurs reprises, et j'eus soin de n'en laisser échapper aucune.

J'ai parlé, dans la première partie de ce travail, des vœux qui avaient été émis par les diverses assemblées tenues à Romans et à Paris en 1888 et 1889, auxquelles les Syndicats agricoles avaient pris part, au sujet du concours que la Banque de France pouvait être appelée à prêter à l'agriculture.

Ces vœux, formulés sans doute, par la suite, dans

de nombreux Congrès ou groupements agricoles, avaient reçu satisfaction. Au moment du renouvellement de son privilège, il avait été décidé, en 1897, que la Banque de France prêterait sans intérêts à l'Etat, pour faciliter l'organisation du Crédit agricole, une somme de 40 millions et ensuite une annuité dont le chiffre varierait, mais ne serait jamais inférieur à 2 millions.

Ces sommes versées à l'Etat étaient simplement portées en compte spécial au Trésor, qui en disposait à sa guise, sauf à prendre dans l'ensemble de ses recettes, au fur et à mesure des besoins du Crédit agricole, les fonds nécessaires pour y faire face.

Je déposai un amendement, que contre-signèrent plusieurs de mes collègues, et notamment M. Fernand David, pour demander que les versements effectués par la Banque de France en faveur du crédit agricole, fussent versés par l'Etat à la Caisse des dépôts et consignations pour y être à la disposition du ministre de l'Agriculture et portassent intérêt.

L'amendement fut soutenu d'abord par M. Fernand David et combattu par le ministre des Finances, M. Caillaux.

Je répondis au ministre ; j'insistai sur l'importance qu'il y avait à ce que ces sommes fussent versées à la Caisse des dépôts et consignations pour y porter intérêt. Grâce à la capitalisation des intérêts, disais-je au ministre, vous trouverez là un amortissement tout fait, tout préparé, lorsque viendra le jour de rembourser à la Banque de France les 40 millions avancés. Ils pourront l'être alors sans qu'il y ait besoin de faire un trou dans le budget, et sans avoir à demander aux Caisses régionales d'avoir à rembourser les millions qu'elles pourront détenir encore. Je présentai encore un certain nombre d'observations en faveur de mon amendement.

M. Caillaux, ministre des Finances, demanda à la Chambre de ne pas l'accepter ; mais, malgré son insistance, la Chambre le vota.

Le 24 décembre, le gouvernement, estimant qu'il ne suffisait pas d'insérer le texte de cet amendement dans la loi de finance, déposa un projet de loi spécial qui en était la reproduction. Renvoyé à la Commission des Finances, ce projet fut rapporté par M. Guillain, rapporteur général du budget.

La Commission du Budget est d'avis, écrivait-il après avoir résumé la séance du 3 décembre, qu'il y a lieu d'adopter ce projet de loi. La mesure qu'il propose lui paraît, en effet, conforme aux intentions du législateur de 1897, qui, très certainement, a voulu que les avances et versements de la Banque profitassent exclusivement à l'agriculture et au Crédit agricole, et n'a pas entendu par là, même temporairement, augmenter les ressources de la Trésorerie.

Le projet de loi fut voté par la Chambre et renvoyé au Sénat, où il dormit longtemps dans les cartons et..., dort encore.

En vain, l'année d'après, demandai-je au Ministre des Finances, d'insister auprès de la Commission des finances du Sénat, pour que la haute assemblée fût appelée à se prononcer sur le projet de loi voté par

la Chambre ; ce fut en vain aussi que je renouvelai
la même demande au cours de la discussion du budget pendant plusieurs années, et que je protestai
contre la lenteur et la négligence du Sénat. Le président me rappela au respect qui était dû à la haute
assemblée, le ministre me promit de réclamer la
mise à l'ordre du jour du projet, et ce fut tout ce que
je réussis à obtenir.

J'appris plus tard que le président de la Commission sénatoriale des finances, M. Magnin, considé-
rait le projet en question comme contraire aux principes de la comptabilité budgétaire et s'était toujours
refusé à le laisser mettre à l'ordre du jour, malgré
les demandes du Ministre des Finances qui, d'ailleurs, n'étaient sans doute pas très pressantes.

§ III. — *Les Caisses d'assurance mortalité bétail.* —
Une lettre du Sous-Préfet de Tournon. — *La*
vache réactionnaire. — *Je revendique pour les*
Syndicats le droit de faire pour leurs seuls mem-
bres des caisses mortalité bétail. — *Adopté en*
1900, ma proposition est repoussée en 1901. —
Les caisses de crédit Raiffeisen-Durand, sont
menacées par une circulaire ministérielle et un
projet de loi. — *Délpech Cantaloup et moi les*
défendons. — *Elles échappent au danger qui les*
menaçait.

Au cours de la discussion du budget de 1901, à la
séance qui suivit celle où je venais d'obtenir gain de

cause contre le ministre des Finances, au sujet des avances de la Banque de France pour le Crédit agricole, je fus ramené à la tribune par la discussion du budget de l'Agriculture.

Un hasard heureux avait fait tomber entre mes mains une lettre singulière du sous-préfet de Tournon. A un brave homme qui avait demandé un secours pour perte de bétail, il avait répondu qu'aucun secours ne lui serait accordé *à cause de ses opinions réactionnaires.*

J'avais hâte de donner à cette lettre la publicité de la tribune, et après l'avoir lue, je demandai au ministre quelles instructions étaient données par ses services pour les allocations en cas de secours pour perte de bétail ou de récoltes.

De vives exclamations accueillirent cette lecture et ma question au ministre, qui en avait paru désagréablement surpris et se défendit d'avoir jamais donné des instructions de ce genre. La vache réactionnaire n'obtint pas moins un grand succès de presse, et nombre de journaux firent gorges chaudes du sous-préfet de Tournon, qui, d'ailleurs, n'était pour rien dans l'affaire. La lettre avait été signée par un conseiller général, qui, en son absence, avait la signature.

Mais cet incident n'était qu'entrée de jeu, et je pris ensuite à partie le ministre pour le refus qu'il avait opposé aux Caisses d'assurance contre la mortalité du bétail, fondées par les Syndicats agricoles eux-mêmes, de participer aux subventions destinées à cette assurance.

La loi du 4 juillet 1900 avait créé les Caisses d'assurances mutuelles ; je soutenais que si des Caisses spéciales pouvaient se constituer sous le bénéfice de cette loi, les Syndicats agricoles n'en conservaient pas moins le droit de faire eux-mêmes cette assurance pour leurs membres, sans créer des Caisses qui auraient leur vie propre et seraient ouvertes à des membres étrangers au Syndicat.

J'estimais que le Syndicat agricole pouvait se suffire à lui-même et rendre à ses membres tous les services, les services d'assurance comme les autres, sans recourir à des Caisses spéciales, instituées par la loi nouvelle ; « ces Caisses spéciales, dis-je, peuvent être constituées par des agriculteurs n'appartenant pas à des Syndicats, mais elles ne sont pas obligatoires pour les Syndicats ». J'appuyai ma thèse de citations du prédécesseur du ministre actuel, M. Viger, et du rapporteur de la loi sur les Caisses d'assurance, M. Forni, qui, l'un et l'autre, avaient reconnu aux Syndicats le droit de faire eux-mêmes et pour leurs seuls membres des Caisses d'assurance.

Le ministre persista à soutenir que les Caisses constituées conformément à la loi du 4 juillet 1900 avaient seules droit aux subventions.

Je déposai alors la motion que voici : « Aucune société constituée en vue de prémunir ses membres contre un risque agricole ne pourra être exclue des subventions de l'Etat, à cause de la forme ou du régime qu'elle aura adopté, si elle est organisée conformément à la loi. »

La Chambre paraissait disposée à voter ma motion, malgré l'opposition du ministre de l'agriculture, lorsque j'entendis le président du Conseil Waldeck-Rousseau, qui depuis un instant était venu se placer à côté de son ministre de l'Agriculture, lui dire :

— Acceptez la motion, cela n'a pas grande importance.

Il l'accepta en effet, et la motion fut votée à la presque unanimité.

Mais l'année d'après, lors de la discussion du budget de 1902, la même question se posa de nouveau, et le ministre de l'Agriculture déclara qu'il n'accorderait de subvention qu'aux seules Caisses organisées conformément à la loi de 1900.

Je rappelai à la Chambre la motion qu'elle avait votée l'année d'avant, mais ce fut en vain, elle n'hésita pas à se déjuger et à approuver le ministre.

En somme, la question n'avait pas une importance capitale : les Syndicats n'ont, s'ils le veulent, qu'à former des Caisses pour leurs membres, mais il faut alors qu'ils renoncent à obtenir des subventions : c'est là, je l'avoue, un petit inconvénient, que compenserait largement l'avantage de montrer qu'ils sont capables de s'en passer. Ces subventions qui, au début du fonctionnement d'une Caisse, peuvent paraître intéressantes, ne tardent pas à devenir une charge par le contrôle qu'elles donnent à l'Etat le droit d'exercer et par la privation qu'elles imposent aux Caisses subventionnées de disposer à leur gré de leurs réserves.

Ces réserves, lorsqu'elles sont obligatoirement placées en valeurs d'Etat, risquent de subir les fluctua-
tions de ces valeurs, et on a vu, ces dernières années,
combien grande était devenue la gravité de ce risque, lorsque nos rentes ont subi la dépréciation que
l'on sait.

Ce vote de la Chambre, obtenu grâce à l'insistance d'un certain nombre de membres de la Commission d'agriculture, hostiles aux Syndicats agricoles, marquait, sans qu'on s'en doutât, le début
d'une campagne qui se préparait sourdement contre
eux, et qui devait, quelques années après, en 1908,
se manifester ouvertement.

Les Syndicats agricoles étaient une œuvre légale,
mais indépendante ; ils avaient été fondés par l'initiative privée, ils avaient grandi et prospéré en dehors de toute influence et action administratives.
C'était pour certains fonctionnaires et pour le parti
au pouvoir une tare qui devait écarter d'eux toute
sympathie et toute faveur officielle.

Sans leur interdire de faire directement eux-mêmes l'assurance agricole, on les excluait des subventions attribuées aux Caisses formées en dehors du
cadre spécial ; on leur enlevait ainsi un des avantages que seuls, jusqu'alors, ils avaient procurés aux
agriculteurs ; on réduisait d'autant *les services* qu'ils
pouvaient rendre et partant leur action.

Ils ne furent pas seuls d'ailleurs à pâtir de la mal-
veillance de l'administration. Il existait à côté d'eux
des sociétés de Crédit agricole, antérieures aux lois
de 1894 et 1899 et qui, dans certaines régions,

avaient atteint un grand développement, je veux parler des Caisses de crédit, *système Raiffeisen*, importées en France depuis quelques années, et en faveur desquelles un catholique ardent, M. Louis Durand, avait mené une campagne vigoureuse.

Organisées sous le régime de la loi de 1867, sans autre capital que la responsabilité illimitée de leurs membres, elles avaient mis le crédit à la portée des plus pauvres gens, qui n'avaient pour tout bien que leur moralité et leur probité, et s'étaient répandues, non seulement à la campagne, mais encore dans les villes et dans les centres ouvriers.

Le 30 juillet 1901, le ministre de l'Agriculture décida par une circulaire que les Caisses Raiffeisen-Durand seraient exclues des subventions allouées pour le crédit agricole, et ne seraient pas admises à s'affilier aux Caisses régionales de crédit, et, dans le courant de l'année, il déposa un projet de loi pour donner à cette exclusion la force de la loi.

Mon ami, M. Delpech Cantaloup, le 30 janvier 1902, au cours de la discussion du budget, protesta contre la circulaire du ministre, qui s'efforça de la justifier.

J'intervins dans le débat pour répondre au ministre et lui prouver que l'illégalité de sa circulaire résultait du dépôt même de son projet de loi. Pourquoi, en effet, une loi nouvelle si la circulaire trouve sa justification dans les lois existantes ? Il fallait de plus, pour exclure des subventions les Caisses Durand, leur interdire de faire partie des Caisses régionales de crédit, entre lesquelles seules sont réparties les subventions de l'Etat. La circulaire ministérielle le leur interdisant, je fis toucher du doigt au ministre son erreur en lui lisant la décision de la Commission d'agriculture du Sénat devant lequel la question avait été posée au moment de la discussion de la loi sur les Caisses régionales de 1899. « Cette loi, avait dit le rapporteur, comprend toutes les sociétés du Crédit agricole ; les sociétés régies par la loi de 1867 aussi bien que les sociétés de la loi de 1894. »

Ce fut M. Fernand David qui me répondit, et dans sa réponse, il s'en prit beaucoup plus aux idées religieuses de M. Louis Durand qu'aux arguments que j'avais apportés contre la théorie du ministre.

Je lui répliquai que la personnalité de M. Louis Durand n'avait rien à faire dans ce débat, et qu'il était singulier qu'on l'y ait introduite.

La discussion en resta là, et n'eut pas la sanction d'un vote. Mais la Commission d'agriculture de la Chambre eut à statuer sur le projet du gouvernement et l'abbé Lemire, son rapporteur, donna dans son projet des conclusions tout à fait conformes à la thèse que j'avais soutenue.

L'intervention de Delpech-Cantaloup et la mienne en faveur des Caisses rurales Louis Durand n'avaient pas été inutiles.

CHAPITRE DEUXIÈME

Le projet de loi sur les retraites ouvrières à la Chambre

———

§ I. — *Discussion générale du projet de loi. — Je proteste contre la situation fâcheuse faite par ce projet aux agriculteurs. — J'oppose les caisses régionales et professionnelles à la Caisse d'Etat. — Discussion pénible des premiers articles du projet. — Embarras de la Chambre.*

Entre la discussion sur les Caisses d'assurance contre la mortalité du bétail et celle relative aux Caisses rurales de Crédit, eut lieu, en juin et juillet 1901, une autre discussion, dont l'ampleur et la durée furent singulièrement plus considérables. Ce fut la discussion de la loi sur les retraites ouvrières. Cette loi intéressait les ouvriers de l'agriculture aussi bien que ceux de l'industrie, et, à ce titre, il convient de

faire une, place dans ces souvenirs aux débats auxquels elle donna lieu.

Ils commencèrent le 4 juin 1901 et se prolongèrent
jusqu'au 2 juillet. Ils s'ouvrirent par un exposé complet de l'état de la question, présenté par M. Guyesse
rapporteur du projet de loi. Déjà rapporteur en 1893,
M. Guyesse avait fait un premier rapport à cette
époque, il en déposa un nouveau en mars 1900, et en
mai 1901 un troisième.

Le projet qu'on allait discuter en 1901 différait
considérablement de celui de 1900 ; il substituait,
suivant les expressions du rapporteur, « un organisme unique, une seule Caisse nationale des retraites ouvrières aux Caisses régionales », instituées
par le projet de loi précédent.

Onze, orateurs et M. Millerand, ministre du Commerce, et M. Caillaux, ministre des Finances, prirent la parole au cours de la discussion générale.
Je m'étais inscrit pour y prendre part, et mon tour
de parole vint à la séance du 16 juin.

MM. Mirman, Ribot, Dracke, Lerolle, d'autres orateurs encore avaient, à des points de vue divers, critiqué vivement le projet, je m'associai à l'une des
critiques que lui avait adressée M. Mirman. Il avait
reproché au projet d'exclure du bénéfice de la loi,
avec les artisans et les petits patrons, les cultivateurs, les fermiers et métayers, c'est-à-dire la masse
rurale tout entière. Je protestai contre cette exclusion :

— Vous obligez, dis-je, les petits cultivateurs à
faire des versements pour leurs domestiques et leurs

ouvriers, à envoyer chaque mois des bordereaux à la Caisse des retraites à Paris, et avec cela, vous les menacez d'amendes considérables, voire même de la police correctionnelle, en cas d'infraction à ces obligations, c'est là tout ce que vous leur donnez...

J'opposai ensuite à la Caisse unique d'Etat les Caisses régionales et professionnelles, et, arrivé à la discussion du principe de l'obligation de faire des versements à la Caisse des retraites ; j'en montrai, après M. Ribot, les difficultés d'application.

Je repris à cette occasion une des idées que nous avions émises dans nos assemblées provinciales de 1888 et suivantes, et demandai que la Chambre, avant d'être appelée à se prononcer sur l'obligation, ordonnât la consultation des associations professionnelles, patronales et ouvrières. Je rappelai l'exemple d'Etienne Boileau, prévôt des marchands qui, au XIIIe siècle, après avoir réuni tous les règlements divers existant alors dans le pays et à Paris surtout, ne voulut pas user de la grande autorité que lui donnait la confiance dont l'honorait saint Louis, pour imposer son œuvre. Il réunit les plus anciens des métiers et leur soumit son consciencieux travail.

Quand ce fut fait, recueilli et ordonné, a-t-il écrit, nous le fîmes lire devant une réunion des hommes les plus sages, les plus loyaux et les plus âgés de Paris, de ceux qui devaient le mieux connaître ces choses, lesquels tous ensemble approuvèrent et louèrent beaucoup cette œuvre...

C'est un exemple bien lointain, ajoutai-je, peut-être ferions-nous bien de le suivre.

Je précisai ensuite le vrai rôle de l'Etat, qui n'est pas de se substituer aux initiatives des citoyens, mais de les aider et de les encourager, et j'exposai le fonctionnement et les avantages des Caisses de retraites corporatives et professionnelles.

Ce discours fut bien accueilli par la Chambre, mes électeurs influents en furent enchantés et me félicitèrent chaudement, et mes amis de l'œuvre des Cercles catholiques, Delalande, Louis Mélient, le colonel de La Tour du Pin, m'écrivirent des lettres débordantes de la satisfaction qu'ils éprouvaient de revoir leurs idées, qui paraissaient sommeiller, remises en vedette [1].

Mais ce fut surtout le second et très bref discours que j'eus encore l'occasion de prononcer au cours de cette discussion, qui me valut les compliments les plus chaleureux.

La discussion générale terminée, on passa à la discussion des articles, qui se traîna péniblement pendant plusieurs séances. Les critiques, violentes parfois, adressées à la loi, avaient troublé la Chambre ; elle était inquiète, hésitante. Elle avait adopté deux amendements qui modifiaient l'article 1er et n'en avait repoussé d'autres qu'à une faible majorité. Par quelques voix aussi seulement elle avait rejeté

---

1. Voici un court extrait de la lettre La Tour du Pin : « Au reçu de l'*Officiel*, je me jette dessus et m'en pâme d'aise... votre discours est saisissant de bonnes vérités et d'aperçus lumineux et je ne vois pas quelles concessions vous y avez faites aux parlementaires. »

une motion de Firmin Faure qui avait demandé que
la Chambre ne se séparât pas avant d'avoir voté la
loi. Bref, la situation était des plus troubles et des
plus embarrassées.

§ II. — *Une idée de Lasies.* — *Nous demandons la
consultation des Associations professionnelles.
— Elle est votée par la Chambre. — Son importance.*

Ce fut à ce moment que Lasies eut une idée gé-
niale. Plein de vie et d'entrain, débordant d'esprit
et de verve, il ne manquait pas une occasion de les
faire sentir à ses adversaires. Ses interruptions, toujours spirituelles, les démontaient souvent et faisaient la joie de ses amis. Plus que quiconque aussi
il avait le flair parlementaire et apercevait rapidement la manœuvre opportune.

Voyant l'embarras de la Chambre, il se hâta de
déposer une motion pour demander que le pays fût
appelé à se prononcer lui-même sur la loi des retraites par une sorte de referendum.

Le secrétaire général de la présidence, M. Pierre,
lui déclara que sa motion était anticonstitutionnelle
et, partant, irrecevable.

La séance, à ce moment, venait d'être suspendue
pour un quart d'heure. Se souvenant vaguement que
j'avais parlé d'une consultation syndicale et proposé un amendement pour la demander, il se mit à

ma recherche dans les couloirs, finit par me rencontrer et me dit à brûle-pourpoint :

— Viens vite, dépêche-toi de présenter comme
motion ton amendement sur la consultation des
Syndicats : la Chambre ne sait plus où elle en est,
il sera voté.

Je résistai d'abord et ne voulus rien entendre. Je
n'avais pas mon amendement sous la main, j'y atta-
chais une grande importance et me souciais peu de
les compromettre en le jetant au pied levé dans une
discussion prématurée.

— Tu ne compromettras rien, reprit Lasies, j'ai
déposé moi-même une motion. Pierre n'en veut pas,
il la prétend anticonstitutionnelle, il ne fera sûrement pas à la tienne le même reproche. Dépêche-toi,
rédige vite ton amendement sous forme de motion,
l'heure presse, la séance va reprendre.

Et ce disant, il m'entraînait par le bras vers la
salle des séances, me pressant et m'objurguant ; je
finis par céder, je rassemblai mes souvenirs pour
rédiger une motion, et escorté de Lasies, qui ne me
lâchait pas, je la portai à M. Pierre. Il la lut rapidement :

— Celle-là est tout à fait constitutionnelle et parlementaire, me dit-il, je la passe au président.

M. Deschanel était déjà au fauteuil et s'apprêtait à
reprendre la séance.

Aussitôt les députés rentrés et la séance reprise,
il lut ma motion ; Lasies déclara s'y rallier et j'eus
immédiatement la parole pour la soutenir.

Ce ne fut pas sans une certaine émotion que je

montai à la tribune, sans trop savoir ce que j'allais
dire. Un long discours heureusement n'était pas de
saison ; quelques mots devaient suffire. Je les trouvai
et m'aperçus bien vite que j'étais écouté avec une
attention et une sympathie inaccoutumées, qui me
mirent à l'aise.

Voici d'ailleurs les quelques paroles que je prononçai :

LA CONSULTATION SYNDICALE
Séance du 2 juillet

M. le président. — Je suis saisi de deux proposi-
tions de résolution, l'une de M. Lasies, l'autre de M. de
Gailhard-Bancel. Voici le texte de la proposition de
M. de Gailhard-Bancel.

*Le gouvernement est invité à consulter les Associations
professionnelles, patronales et ouvrières, industrielles,
commerciales et agricoles légalement constituées sur le
projet de loi relatif aux retraites ouvrières.*

A gauche. — C'est un referendum que vous proposez !

M. le président. — La parole est à M. Lasies.

M. Lasies. — Messieurs, le projet de résolution que
j'ai l'honneur de soumettre à la Chambre étant exactement
le même que celui déposé par M. de Gailhard-Bancel, je
me rallie au projet de résolution de notre honorable collègue et je lui cède la parole.

M. le président. — La parole est à M. de Gailhard-
Bancel.

M. de Gailhard-Bancel. — Messieurs, nous allons nous

séparer à un moment où il règne dans les esprits une véritable confusion ; il me semble que ce projet de loi sur les retraites ouvrières — qui est assurément des plus importants et qui mérite que tous les députés s'intéressent à lui — n'est pas absolument au point. La preuve en est dans les nombreux amendements qui ont été déposés de tous les côtés de la Chambre et dont plusieurs viennent d'être adoptés par elle, il y a quelques instants à peine. (*Mouvements divers*).

M. Cadenas. — Vous vouliez le voter tout de suite !

M. de Gailhard-Bancel. — Nous avons entendu apporter à cette tribune les affirmations les plus contradictoires de la part de nos collègues qui siègent sur les bancs socialistes. M. Fournier nous a affirmé que les ouvriers attendaient cette loi avec une grande impatience...

A l'extrême-gauche. — C'est la vérité !

M. de Gailhard-Bancel. — Et, d'autre part, M. Allemane nous a déclaré qu'il avait consulté de nombreux Syndicats et que tous étaient absolument opposés au principe qui domine cette loi, le principe de l'obligation des versements par les ouvriers.

Si vous me permettez d'apporter mon témoignage, je vous dirai que j'ai voulu, il y a quelques jours, m'éclairer sur l'opinion d'un certain nombre d'ouvriers de Paris. J'ai eu la très grande satisfaction de me trouver en présence des délégués de huit Syndicats parisiens : le Syndicat du livre, le Syndicat des employés, celui de la métallurgie, de la carrosserie, etc..., et je les ai consultés sur la question des retraites ouvrières. Ils étaient vingt ou vingt-cinq ouvriers, et nous avons, pendant de longues heures, causé très sérieusement de ces choses. (*Rires à gauche.*)

M. Lasies. — Le gouvernement aurait bien fait d'en faire autant !

M. de Gailhard-Bancel. — Je ne vois vraiment pas en quoi cela peut exciter votre hilarité. (*Très bien ! très bien ! au centre et à droite.*) Il me semble que c'est là ce que nous devrions faire les uns et les autres, et que notre devoir est de demander aux *intéressés* ce qu'ils désirent que nous fassions pour eux, surtout, encore une fois, lorsque nous sommes en présence des contradictions de MM. Fournier et Allemane. (*Très bien ! à droite.*)

J'ai déposé une motion pour demander à la Chambre d'inviter le gouvernement à utiliser le temps qu'il va avoir à sa disposition pendant les vacances pour consulter les Associations professionnelles, patronales et ouvrières, industrielles, commerciales et agricoles, sur le projet de loi actuellement en discussion. (*Applaudissements à droite et au centre.*)

M. Saumande. — Il est entendu que les Chambres de commerce seront aussi consultées ?

M. Julien Goujon. — Ainsi que les Conseils de prud' hommes ?

A gauche, ironiquement. — Et les conseils de fabrique ?

M. de Gailhard-Bancel. — Je n'ai pas inscrit dans ma motion le mot de Syndicat précisément pour répondre à l'idée que vient d'émettre notre collègue. Les mots « Associations professionnelles » comprennent toutes les Associations de gens exerçant le même métier, la même profession et régulièrement constituées. Les comices agricoles, qui ne sont pas des Syndicats, pourront, aux termes de ma proposition, être consultés, comme les Chambres de commerce et les Conseils de prud'hommes. (*Très bien ! à droite.*)

Vous voulez, par votre projet de loi, imposer aux ouvriers une double obligation, l'obligation d'épargner et l'obligation de verser leurs épargnes dans les caisses de l'Etat. Il y a là, je l'ai déjà dit, deux obligations parfaitement distinctes et très différentes ; on peut être partisan de l'une et adversaire de l'autre. J'ajoute que ces deux obligations sont des obligations spéciales, imposées uniquement aux patrons et aux ouvriers et qui n'ont rien du caractère général de l'impôt. (*Applaudissements au centre et à droite. — Aux voix !*) J'estime donc que vous ne devez pas les inscrire dans la loi sans que les intéressés aient été appelés à faire connaître s'ils sont disposés à les accepter.

Nulle consultation, pour avoir leur avis, ne peut être plus efficace, plus sincère et plus compétente que celle des Syndicats professionnels, institués par la loi du 21 mars 1884, pour étudier et défendre les intérêts économiques des diverses professions. Je demande donc instamment à la Chambre d'inviter le gouvernement à profiter de la période des vacances pour faire procéder à cette consultation et à demander à toutes les Associations professionnelles, quelles qu'elles soient, de donner leur avis sur le projet de loi relatif aux Caisses de retraites soumis actuellement à nos délibérations. (*Nouveaux applaudissements à droite et au centre.*)

Le ministre du Commerce, M. Millerand, combattit ma proposition et déclara avoir fait auprès des intéressés toutes les consultations utiles.

Un de mes collègues du groupe progressiste, M. Perraud, professeur à la Faculté de droit d'Aix, et M. Lasies, lui répondirent. Après quoi ma proposition fut mise aux voix et votée par une majorité de 80 voix. De vifs applaudissements accueillirent ce vote : du coup la discussion du projet de loi fut arrêtée.

*
* *

Le lendemain, sous ce titre « Un trait de génie », Jaurès consacrait à la motion son leader article de la *Petite République* et nous reprochait, à Lasies et à moi, d'avoir voulu faire échec au principe de la loi et retarder indéfiniment les retraites ouvrières. J'y fis une réponse qu'il inséra :

Autant que qui que ce soit, disais-je, je souhaite que cette loi aboutisse, mais j'estime qu'il est indispensable qu'elle aboutisse dans des conditions telles qu'elle rende vraiment aux travailleurs les services qu'ils en attendent.

Et je démontrai que la loi telle qu'elle était conçue ne les leur rendrait pas.

Jaurès me répliqua par un article intitulé « Corporatisme » que je jugeai inutile de relever.

Par contre, la plupart des journaux soulignèrent l'échec du gouvernement et la portée du vote de la Chambre.

Elle était grande, en effet : c'était une idée nouvelle pour les milieux parlementaires qui venait de triompher ; c'était le droit pour les Syndicats professionnels d'être consultés sur les questions qui intéressent les membres des professions, les patrons et les ouvriers, qui avait été consacré par un vote de la Chambre.

Quoi de plus rationnel en effet, de plus sage, de plus légitime qu'une assemblée, dont la plupart des membres ne connaissent le plus souvent rien des questions qui leur sont soumises, consulte ceux pour qui sont faites les lois, s'informe de leurs besoins, de leurs aspirations, des conditions dans lesquelles ils désirent que leurs intérêts soient servis et sauvegardés ?

Nouvelle pour la Chambre, cette idée de la consultation des associations professionnelles ne l'était ni pour mes amis de l'œuvre des Cercles catholiques d'ouvriers et des Syndicats agricoles, ni pour moi-même. A maintes reprises nous l'avions exposée et défendue dans nos assemblées, dans nos Congrès, à la Société des Agriculteurs de France et dans les Syndicats agricoles.

L'occasion de la porter à la tribune du Parlement s'était offerte à moi dans la discussion de la loi des retraites ouvrières, je l'avais saisie et l'avais signalée dans la discussion générale. Je ne pus que me féliciter d'avoir cédé aux instances de mon ami Lasies, et d'avoir, grâce à lui, obtenu prématurément de la Chambre un vote que je n'avais compté lui demander qu'au cours de la discussion des articles de la loi.

L'effet du vote de cette consultation des Syndicats professionnels fut considérable, et fut accueilli avec joie non seulement par ceux qui l'avaient provoqué, mais par tous ceux qui considèrent l'association professionnelle, comme la base nécessaire et naturelle de l'organisation sociale, par tous ceux qui croient que la représentation professionnelle pourra seule assurer la vraie et sincère représentation des droits et des intérêts de tous les citoyens, que seule elle est susceptible de donner au pays des assemblées compétentes, capables de légiférer en connaissance de cause.

C'est ainsi que M. Hubert Lagardelle, dans le *Mouvement socialiste*, sut mettre en relief la grande importance de cette consultation au point de vue de l'avenir.

Il est indifférent, écrivait-il, que la décision de la Chambre ait été un échec pour le ministère. Ce qu'il faut retenir, c'est que, par là, un précédent est créé, dont les conséquences pourront être fécondes.

Le fait d'appeler, même passagèrement, la classe ouvrière à collaborer à l'édification de sa propre législation, est une consécration en même temps qu'un accroissement de sa force... en l'espèce, dans la consultation présente, nous constatons la reconnaissance de fait d'un droit nouveau pour les groupements syndicaux...

§ III. — *L'Union Centrale et la Société des Agriculteurs de France se félicitent de ce vote. — La consultation est faite. — Elle est défavorable au projet de loi. — La discussion du projet est arrêtée par ce résultat.*

Parmi les nombreuses approbations que je reçus, je mentionnerai celles qui me vinrent de mes amis les agriculteurs, et qui, entre toutes, m'allèrent particulièrement au cœur.

Ce fut d'abord celle de M. le marquis de Vogüé, de l'Académie française, président de la Société des Agriculteurs de France, qui, dans le discours prononcé à l'ouverture de la session de la Société de 1902, s'exprima ainsi :

Un des faits les plus importants de l'année écoulée a été la grande consultation des Syndicats et des Associations agricoles, faite par ordre de la Chambre des députés, sur la grave question des retraites ouvrières et de l'application aux populations agricoles des dispositions du projet de loi soumis au Parlement. C'est notre collègue, M. de Gailhard-Bancel, qui a pris l'initiative de cette mesure, et nous ne saurions trop le féliciter du grand service qu'il a, en cette circonstance, rendu non seulement aux populations agricoles, mais encore aux Associations professionnelles, dont il a été, dès le début, un des plus dévoués promoteurs. Elles lui devront d'avoir été officiellement reconnues comme constituant la plus sincère, la plus compétente représentation de l'Agriculture.

Quelques jours après, M. Delalande, président de l'Union centrale des Syndicats agricoles, tenait un langage analogue :

Un fait considérable a marqué l'année qui vient de s'écouler. Pour la première fois, les pouvoirs publics ont consulté les Associations professionnelles. Elles ont été appelées à formuler leur avis sur le projet de loi des retraites ouvrières.

C'est pour ainsi dire la reconnaissance officielle de cette représentation libre, sincère, compétente, sortie des entrailles mêmes de la profession que la Société des agriculteurs de France et l'Union centrale des Syndicats réclamaient, chaque année, dans des vœux demeurés jusqu'ici sans écho. Devant ce succès inattendu, il est juste de ne pas oublier celui qui en fut l'artisan, et je suis heureux de cette occasion de payer, en votre nom, Messieurs, et au nom de l'armée syndicale tout entière, un légitime tribut de reconnaissance à notre ami, M. de Gailhard-Bancel. En cette journée mémorable, il a honoré la tribune française, et en provoquant cette enquête sur une loi mal venue, mal étudiée, pleine de périls et d'inconnu, il a permis aux intéressés de proclamer leur sentiment et leur répugnance, il a bien mérité de l'agriculture et du pays. Certes, le vaillant député de l'Ardèche n'a jamais oublié qu'il était l'élu des cultivateurs, et sa voix éloquente s'est élevée en toutes occasions pour défendre et soutenir leurs intérêts. Mais son nom restera intimement lié à cette importante manifestation, à cette première consultation syndicale, et dans sa vie toute débordante de dévouement et d'activité généreuse, je ne sais pas de plus beau titre de gloire que celui-là.

Ai-je besoin de dire que mes électeurs me surent gré de cette intervention ? Beaucoup m'écrivirent pour me dire leur satisfaction.

Ceux qui n'étaient pas contents, c'étaient mes adversaires. Dès le lendmain on entendit deux gros bonnets radicaux qui commentaient le vote, et l'un disait :

— Cet animal ! Il commence à être dangereux, voilà qu'il met le gouvernement en minorité !

Le ministre du Commerce avait été trop avisé pour poser la question de confiance : aussi la seule conséquence du vote de ma proposition fut que le gouvernement, faisant contre mauvaise fortune bon cœur, s'empressa de procéder à l'enquête réclamée par la Chambre et adressa un questionnaire à toutes les associations professionnelles, auxquelles, au cours de la discussion, avaient été ajoutées les Chambres de commerce.

Le résultat de cette consultation fut écrasant pour le projet de loi. Sur un total de 1.950 réponses, 1.724, soit 80 pour 100, furent défavorables à l'ensemble du projet, 1.718 repoussèrent le principe de l'obligation. La Caisse d'Etat n'obtint que 136 suffrages, les Caisses régionales autonomes furent demandées par 349 associations.

Dans beaucoup de Syndicats, les bureaux seuls répondirent au questionnaire du gouvernement. Je tins, au Syndicat d'Allex, à convoquer tous les membres pour en délibérer. L'assemblée fut très nombreuse et, malgré les instances d'un instituteur en retraite, se prononça à l'unanimité contre le projet. Je me rappelle la réflexion d'un brave paysan qui disait toujours volontiers son mot dans nos réunions :

— Nous voulons bien d'une Caisse de retraite, mais nous voulons en garder la clé.

Il traduisait certainement, dans ces quelques mots, l'opinion de la grande majorité des travailleurs.

En présence de l'accueil fait par les intéressés au projet de loi, il fut retiré de l'ordre du jour de la

Chambre et il n'en fut plus question dans la suite de la législature.

Ce ne fut que dans la législature suivante qu'un projet nouveau de retraites ouvrières et paysannes fut déposé, étudié, rapporté, discuté longuement et voté en 1905.

J'aurai l'occasion d'en parler dans les pages qui suivent.

CHAPITRE TROISIÈME

Propagande pour les Syndicats agricoles

---

§ I. — *A Paris, au Cercle des Etudiants de la rue de Bagneux, dans les salons de la marquise de Saint-Chamans, de la Baronne Pierrard, de la Présidente de l'Union Mutualiste des Françaises.*

Mes obligations parlementaires ne m'empêchèrent pas de m'occuper des deux Syndicats agricoles dont j'étais resté président, les Syndicats d'Allex et des cantons de Crest. Je pris part à leurs fêtes annuelles, présidai leurs assemblées générales et ne perdis pas de vue la marche de leurs affaires, dont la gestion était entre bonnes mains.

J'eus aussi l'occasion de répondre à divers appels qui me furent adressés pour parler des Syndicats agricoles à Paris et ailleurs. M. Georges Goyau, qui s'intéressait au groupe d'étudiants, très prospère aujourd'hui encore, de la rue de Bagneux, me demanda de leur en exposer le fonctionnement et les avantages. La baronne Pierrard, voisine de l'Hôtel des Agriculteurs de France, m'invita également à faire une des conférences sur les questions sociales qu'elle faisait donner dans ses salons. La première avait été faite par Etienne Lamy. Je fis connaître à cet auditoire parisien l'œuvre des Syndicats agricoles, et Mme Pierrard voulut bien m'écrire que « j'avais fait utile besogne en stimulant et précisant l'effort de groupement à la campagne ».

Le salon de Mme la baronne Pierrard ne fut pas le seul où j'eus l'honneur de parler. Quelques années avant j'avais été invité par la marquise de Saint-Chamans à faire connaître l'œuvre de nos Syndicats agricoles à LL. AA. RR. le duc et la duchesse de Vendôme et à un certain nombre de leurs amis. Cette invitation m'avait été faite à la demande de mon ami, le lieutenant-colonel de La Tour du Pin La Charce. Le duc et la duchesse de Vendôme furent, au dernier moment, empêchés de venir, mais j'eus par ailleurs un agréable auditoire.

Par la suite, je fus invité à parler de la mutualité à la campagne à l'Assemblée générale de l'Union mutualiste des Françaises et de l'Union centrale mutualiste. Cette Assemblée était tenue dans les salons de la comtesse de Kersaint, présidente de l'Union. Je parlai des diverses Caisses mutuelles fondées par nos Syndicats agricoles, qui sont une œuvre de mutualité par eux-mêmes et par les diverses institutions qu'ils ont fondées : Caisse de crédit agricole de la loi de 1894 et Caisse Raiffeisen-

Durand ; Caisses contre la mortalité du bétail, contre
l'incendie, les accidents, et je finis par les Caisses
de retraite, qui étaient alors à l'ordre du jour et que
nous nous appliquions à multiplier dans nos Syndicats. Je citai une lettre du maire de Vion [1], M. Maisonnasse, vice-président du Syndicat agricole de
Tournon, qui avait fondé, dans la section de Syndicat de sa commune, une Caisse de retraite. Cette
lettre était adressée à la présidente de la section
lyonnaise de l'Union mutualiste des Françaises, et
lui demandait de faire bénéficier de son concours les
femmes et les enfants qui formaient la majorité des
membres de la Caisse de Vion.

Le président du Syndicat de Tournon, M. Bert,
me demanda de faire imprimer cette conférence,
m'assurant qu'elle serait pour mes élections futures
un excellent instrument de propagande :

C'était, m'écrivait-il, une preuve de plus que je tenais
la promesse faite à mes électeurs de m'occuper des questions agricoles.

§ II. — *En Province, réunions à Crançey et à St-
Lupien (Aube).*

Je ne bornai pas mon action de propagande syndicale à Paris ou à la Chambre. A plusieurs reprises,

---

1. Aux élections pour le renouvellement des membres sor-
tants des Conseils généraux en 1928, M. Maisonnasse a été élu
Conseiller général du canton de Tournon.

dans les premières années surtout de ma vie parlementaire, je fus appelé en province, dans l'Ain,
l'Allier, le Nord, l'Yonne, le Jura, etc., et à plusieurs reprises dans l'Aube, où je ne sais plus quelles
circonstances m'avaient mis en rapport avec un
prélat romain, ancien zouave pontifical, curé de
Crancey, petite paroisse du diocèse de Troyes.

Je me rappelle l'ébahissement que j'éprouvai, lorsqu'en descendant du train et entrant dans l'église,
où l'office était commencé, j'aperçus une quantité
de personnages en surplis et en chape qui chantaient
la messe. Je me demandai comment cet excellent
Monseigneur avait pu réunir, dans sa petite paroisse,
un si grand nombre de prêtres. La surprise s'accrut,
lorsque je vis que tous ces chantres étaient plus ou
moins barbus, les uns avec des favoris, d'autres avec
la seule moustache, et quand j'aperçus, lorsqu'ils furent debout, qu'en fait de soutane, ils avaient des
vestes et de longs pantalons. Je ne tardai pas à avoir
l'explication de la chose. Tous ces porteurs de surplis et de chapes étaient de braves cultivateurs de
la paroisse. Il est d'usage dans les grands jours de
les revêtir des ornements réservés aux prêtres et ils
se prêtent volontiers à ce pieux déguisement, alors
que quelques-uns d'entre eux ne viennent à l'église
que dans les grandes circonstances.

En 1901, j'avais été invité encore à présider l'Assemblée générale d'un Syndicat agricole qui comprenait plusieurs paroisses. Elle se tenait à Saint-
Lupien, petit village des environs de Nogent-sur-
Seine, et pour m'y conduire, les organisateurs

avaient frété un superbe landau traîné par deux chevaux.

Cette réunion syndicale fit grand bruit dans la région, qui était représentée à la Chambre par un pharmacien de Nogent, M. Bachimont, radical franc-maçon, et où un journal radical aussi, *Le Petit Troyes*, dirigé par un autre député radical, était très répandu. D'une lettre qui me fut adressée par l'organisateur de la réunion, j'extrais les lignes suivantes qui témoignent de l'émoi que, bien involontairement, j'avais suscité :

Un autre indice du retentisssement profond de votre conférence est la fureur de la presse ennemie, qui a multiplié les attaques. Le ministre même s'est ému ; le maire a été menacé de suspension et a reçu une lettre de blâme ; le sous-préfet lui a tenu les propos les plus étranges et les plus menaçants pour notre indépendance ; des inquisitions policières et des tentatives de captation ont été depuis tentées auprès de trois de nos sections. M. le sous-préfet n'en dort plus !

On sut plus tard qu'une circonstance peu banale avait, outre la conférence d'un collègue clérical dans son fief, excité la colère de M. Bachimont.

Pendant l'hiver, il mettait son cheval en pension à l'hôtel qui m'avait fait convoyer à Saint-Lupien, et se réservait le droit de s'en servir quand il venait à Nogent. Or, son cheval avait été attelé au fameux landau qui m'attendait à la gare pour me conduire à Saint-Lupien, et lorsque, arrivant par le train suivant à Nogent, M. Bachimont était venu chercher son cheval à l'hôtel, on avait dû lui apprendre que le cheval était parti pour conduire le député Gailhard-Bancel à Saint-Lupien et y resterait toute la journée : *inde ira*.

Par contre, les journaux libéraux firent des gorges chaudes du pauvre cheval ou plutôt de son propriétaire.

Le cheval de Troie ne fut rien à côté de celui de Nogent, écrivait le *Courrier de l'Aube*. Il s'agit du cheval de Bachimont, qu'un hasard fatal a poussé dans les rangs conservateurs.

Et on blaguait agréablement M. Bachimont qui, quelques jours après, pour se venger sur moi, qui n'en pouvais mais, au cours d'un discours sur les Caisses de mortalité du bétail, à la Chambre, m'avait lancé cette interruption saugrenue à propos de l'emploi des réserves : « Ils en verseront une partie à saint Antoine de Padoue. »

CHAPITRE QUATRIÈME

Ma seconde législature.
L'Assistance aux vieillards. Nouveau projet
de loi sur les Retraites ouvrières et paysannes

---

§ I. — *Ma réélection en 1902. — Les bouilleurs de
crû. — Discussion du projet de loi sur l'Assistance aux vieillards et aux infirmes.*

Ce ne fut pas sans peine que je parvins à rentrer
à la Chambre aux élections de 1902. Les Loges de
ma région ne me pardonnaient pas d'avoir défendu
les Congrégations religieuses et, sans doute aussi, de
n'avoir pas ménagé les ministres, et surtout celui de
l'Agriculture, avec qui j'avais rompu des lances. Et
ce ne fut pas seulement pour rentrer à la Chambre
que j'eus beaucoup de peine, mais pour y rester. Les
radicaux francs-maçons avaient décidé de m'inva-

lider, et l'un d'eux, au cours de la discussion de mon élection, qui fut très vive et très dure, me jeta cette interruption :

— Vous savez bien, Monsieur de Gailhard-Bancel, que nous sommes un bon nombre ici qui voulons vous invalider !

On mit aux voix mon invalidation.

Ce fut mon salut !

Si l'on avait voté sur ma validation, je n'étais pas validé ! Il y eut, en effet, 245 voix pour ma validation, 245 contre, et à parité de voix, la proposition mise aux voix n'est pas adoptée.

Je bénéficiai donc de cette jurisprudence et j'étais validé !

On essaya bien ensuite de demander une enquête sur mon élection. Elle fut repoussée par une majorité de 3 voix, et je fus admis à siéger.

Mais j'avais dû attendre neuf mois ma validation Elu le 27 avril 1902, je ne fus admis que le 17 janvier 1903, et pendant ce temps-là, je n'avais pu prendre part à aucun débat.

La première discussion dans laquelle je pus intervenir fut celle du privilège des bouilléurs de crû. Il était violemment attaqué à ce moment-là. Je me joignis à ses défenseurs et présentai un certain nombre d'amendements. Je réussis à faire accepter quelques légères modifications de texte, mais dus le plus souvent me contenter d'obtenir du ministre des Finances ou du président de la Commission des déclarations qui me donnaient plus ou moins satisfaction

*
**

Dans la seconde partie de la session de 1903, une question des plus importantes vint en discussion : l'assistance aux vieillards et aux infirmes. Deux théories s'affrontèrent pour sa solution : La théorie de l'assistance par l'Etat et ses dérivés et la théorie de l'assistance par l'initiative privée, par les Associations libres, Sociétés de secours mutuels et Syndicats professionnels.

Dès la discussion générale, je pris énergiquement parti pour la seconde.

La discussion de ce projet de loi fut mise à l'ordre du jour presque inopinément, et nous nous en aperçumes la veille seulement, le matin même peut-être du jour où il devait être discuté.

Avec mes amis, MM. Olivier et Léonce de Castelnau, nous décidâmes d'intervenir et de présenter des amendements pour tenter d'enlever à la loi son caractère par trop étatiste.

Dès la première séance où commencèrent les débats, j'intervins dans la discussion générale.

Je combattis le monopole de l'assistance par l'Etat, les départements et les communes, tel que l'organisait le projet de loi, et demandai qu'on en confiât le soin, dans la mesure où ce serait possible, aux Sociétés de secours mutuels, aux Syndicats professionnels, aux Bureaux de bienfaisance, aux diverses Associations qui seraient établies dans ce but, l'Etat et les diverses administrations n'intervenant que pour les suppléer, lorsqu'ils ne pourraient pas remplir la mission que je réclamais pour eux. Et, à propos de l'assistance dans les campagnes, je rappelai que le premier Congrès national des Syndicats agricoles, tenu à Lyon en 1894, s'en était occupé, et je citai le passage suivant du rapport que j'avais présenté au Congrès de Lyon :

« Les vieillards et les orphelins sont parfois exposés a être délaissés dans les campagnes et sont envoyés au hasard dans un hospice ou un orphelinat, dans lesquels rien ne leur rappelle la vie des champs, qui a été leur vie ou à laquelle ils sont destinés.

« Pourquoi les Syndicats agricoles ne s'appliqueraient-ils pas à chercher, pour les vieillards abandonnés et les orphelins qu'un lien rattache à eux, des familles rurales consentant à. les recueillir moyennant une rétribution modique, qui viendrait s'ajouter aux quelques services que ceux-ci seraient susceptibles de rendre ? »

La discussion générale n'occupa qu'une séance. Mes amis et moi nous déposâmes plusieurs amendements pour tenter, sous une forme ou sous une autre, d'obtenir que Sociétés de secours mutuels et Syndicats professionnels fussent assimilés aux communes, et pussent percevoir de l'Etat et des départements des subventions équivalentes à celles qui seraient allouées aux communes, pour les vieillards dont l'hospitalisation serait faite par leurs soins.

La majorité maçonnique de la Chambre ne voulut rien savoir ; mes amendements, comme ceux de mes collègues, d'autres groupes plus à gauche que nous, furent rejetés par 300 voix en moyenne contre 200.

Cette majorité voulait le monopole de l'assistance par l'Etat, afin de lui apporter un nouveau moyen de domination. Cette volonté s'affirma par la voix du rapporteur, qui déclara :

— Nous voulons que les vieillards indigents ne connaissent désormais qu'un seul débiteur : la Nation, sous la forme de la commune, du département ou de l'Etat.

Et un socialiste, M. Sembat, disait :

— Si l'on permet aux œuvres de bienfaisance privée d'alléger la charge de la commune et, par suite, des finances publiques, cela pourra être les Associations religieuses, alors !

C'était bien là la vraie raison de l'opposition du gouvernement et de la majorité au droit que nous revendiquions pour l'assistance libre, professionnelle ou simplement charitable ! On se préoccupait beaucoup plus de l'influence que l'on pourrait acquérir en secourant les vieillards que des pauvres vieillards eux-mêmes !

§ II. — *Nouveau projet de loi sur les Retraites ouvrières et paysannes. — La discussion. — Il est voté.*

L'année d'après, au milieu d'autres discussions irritantes, la Chambre mit à son ordre du jour un nouveau projet sur les retraites ouvrières et paysannes. La discussion de ce projet se prolongea pendant plusieurs mois.

Je déposai un contre-projet qui fut longuement

discuté, et opposai de nouveau à l'organisation étatiste des retraites, qui était celle de la Commission et
du Gouvernement, une organisation professionnelle
et régionale.

Mon contre-projet fut repoussé par 396 voix contre
129, mais j'en repris plusieurs dispositions sous la
forme d'amendements, et j'eus, un certain jour, la
satisfaction d'entendre le président de la Commission, M. Millerand, me répondre, à propos de l'un
de ces amendements, qui remettait aux Associations
professionnelles la fixation de l'âge de la retraite.

— Je me borne à faire remarquer à M. de Gailhard-Bancel, comme j'ai déjà eu l'honneur de le lui
faire observer pour son contre-projet, que les idées
qu'il émet en ce moment sont des idées d'avenir,
susceptibles d'être réalisées ultérieurement...

Je pris acte des paroles de M. Millerand et me félicitai de son adhésion, pour l'avenir, à ma conception des retraites. L'échec de l'application de la loi,
telle qu'elle avait été votée, ne devait pas tarder de
prouver combien cette conception était juste, et combien j'avais eu raison de l'opposer à celle du Gouvernement et de la Commission.

J'eus encore une autre satisfaction : celle de voir
mon contre-projet très favorablement accueilli, non
seulement par l'ensemble des Associations agricoles,
mais par trois importantes Chambres de commerce,
les Chambres de Marseille, de Montpellier, de Lille.

— Nous devions, écrivit le rapporteur de la Chambre de commerce de Marseille, après avoir analysé
mon contre-projet, une mention spéciale à la con-

ception de M. de Gailhard-Bancel, qui tend vers un idéal près duquel se trouve peut-être la solution cherchée.

La même idée se retrouve dans le rapport fait au nom de la Chambre de commerce de Montpellier :

C'est peut-être dans les dispositions du contre-projet de M. de Gailhard-Bancel ou des dispositions analogues, que se trouvera la solution, jusqu'ici vainement recherchée, de cette grande œuvre que serait la constitution des retraites ouvrières.

Et le rapporteur de la Chambre de Lille, après avoir longuement examiné mon contre-projet, concluait par ces mots :

Il est impossible que nos législateurs ne soient pas amenés à modifier les projets élaborés jusqu'à ce jour. Le travail de M. de Gailhard-Bancel leur fournira certainement le moyen de mettre toutes choses facilement au point, et c'est à ce titre et comme indication de nos tendances que nous croyons devoir le recommander à toute l'attention du Parlement.

J'ai dit que les associations agricoles avaient, pour la plupart, donné leur approbation à mon contre-projet ; les motifs de leur adhésion sont très bien résumés dans ces lignes de la préface qu'Albert de Mun voulut bien écrire pour le volume dans lequel, en 1905, je réunis mes divers travaux et discours sur les retraites ouvrières :

M. de Gailhard-Bancel a formulé, dans une proposition

de loi, l'application des vrais principes sur lesquels doit être basée l'organisation des retraites ouvrières. Cette proposition, que je m'honore d'avoir signée avec lui, il l'a défendue dans des discours importants, qui ont fixé l'attention de la Chambre.

Il me suffira de constater que, malgré son rejet par une Chambre prisonnière du socialisme d'Etat, cette proposition demeure le plan fondamental, la pierre d'attente nécessaire de toute organisation, de prévoyance qui voudra concilier les justes aspirations des travailleurs, avec une saine constitution sociale et une loyale appréciation des possibilités financières.

La loi sur les retraites ouvrières et paysannes fut promulguée le 5 avril 1910. On sait ce qu'il en est advenu. Tout le monde est unànime à reconnaître qu'elle a fait faillite et que les travailleurs s'en sont complètement désintéressés.

Une organisation nouvelle des retraites est comprise dans la loi sur les assurances sociales qui, promulguée le 5 avril 1928, à la veille des élections, doit être remaniée avant d'être appliquée.

Lorsque la loi sur les Assurances sociales fut discutée pour la première fois en 1924, je demandai dans un contre-projet qu'elle donnât pour base aux diverses assurances la profession et la région, en laissant aux intéressés eux-mêmes le soin d'en déterminer les modalités et d'en assurer l'administration. Je ne fus pas mieux écouté en 1924 qu'en 1905, et la loi de 1928 est empreinte d'un étatisme tel qu'on ne tardera pas, je le crains, de trouver pesant et insupportable le fardeau qu'elle va imposer à la

Nation. Puisse-t-elle cependant n'avoir pas le sort de sa devancière, la loi sur les retraites, et telle qu'elle est, apporter aux travailleurs les satisfactions qui leur sont promises.

CHAPITRE CINQUIÈME

Les premières hostilités
contre les Syndicats agricoles

§ I. — *Projet de loi sur le Crédit et les Coopératives agricoles. — Opinion d'Emile Duport, président de l'Union du Sud-Est. — Je dépose un contre-projet. — Critiques acerbes contre Emile Duport et l'Union du Sud-Est. — Lettre d'Emile Duport. — Je relève les attaques contre l'Union et son Président.*

J'arrive maintenant à un débat auquel fut mêlé inopinément notre très aimé et regretté président de l'Union du Sud-Est, Emile Duport.

Il avait pour objet un projet de loi relatif à la création de Caisses de crédit par les Syndicats ou par les membres des Syndicats agricoles dans le but de créer des Sociétés coopératives en vue de la conservation, de la transformation et de la vente des produits agricoles.

J'écrivis à Duport pour lui demander son avis sur ce projet, qui me paraissait pouvoir et devoir être grandement simplifié.

Il me répondit en m'envoyant une note très complète sur la question et en l'accompagnant d'une lettre dont voici quelques passages :

En vérité, quel besoin a-t-on de compliquer ce qui est simple !...

Il suffit d'un article à ajouter à la loi de 1899 pour donner satisfaction au seul *desiderata* légitime de ce projet de loi ; accorder des délais spéciaux pour les avances faites en vue d'immobilisation pour la construction ou l'aménagement d'immeubles par des coopératives de production... Pour Dieu... qu'on laisse donc de côté tout cet arsenal !

Si vous pouvez prendre la parole lundi pour remettre les choses au point, vous ferez une bonne action. Le projet de loi organise un rouage de plus, fort compliqué ; et, du train dont on y va, on peut craindre qu'on ne nuise grandement au Crédit agricole proprement dit, qui commence à rendre de réels services aux petits agriculteurs.

Faites donc l'effort d'intervenir pour leur ouvrir les yeux.

Je m'empressai de me conformer au désir de Duport et déposai, comme contre-projet, l'article unique dont il m'avait donné le texte et qui devait éviter une loi nouvelle en complétant simplement celle de 1899.

La discussion fut retardée par je ne sais quelle

cause, et ce ne fut que *le 22 janvier 1906* qu'elle vint à l'ordre du jour de la Chambre.

Je développai mon contre-projet et lorsque je parlai de l'avis que m'avait donné Duport, je ne tardai pas de m'apercevoir que l'Union du Sud-Est et son président étaient loin d'avoir des sympathies parmi les membres de la Commission et le milieu du ministre de l'Agriculture.

Voici le passage de mon discours qui m'amena à faire cette constatation. Après avoir fait l'exposé de mon contre-projet, j'expliquai la raison qui m'avait amené à le déposer.

... Les dispositions que vous croyez devoir insérer dans un projet de loi nouveau qui contient sept articles, je vous propose, pour simplifier, de les condenser dans un seul article.

M. le ministre de l'Agriculture. — Il y a aussi, à certains égards, une question de numérotage de paragraphes. Votre amendement, que je considère comme intéressant et que je suis heureux de vous entendre développer, contient autre chose.

M. de Gailhard-Bancel. — Je ne crois pas que l'intérêt des nouvelles dispositions soit suffisant pour justifier une loi complète qui compliquera singulièrement notre législation agricole. Permettez-moi de vous indiquer les noms de ceux de mes collègues des Syndicats agricoles qui m'ont demandé d'apporter cette proposition à la Chambre. C'est d'abord M. Emile Duport, président de l'Union des Syndicats agricoles du Sud-Est, qui est bien connu de vous tous, à qui le Crédit agricole est redevable de tant de progrès dans la région du Sud-Est, où il a fondé plus de cent cinquante Caisses de crédit.

M. le président de la Commission. — D'une façon spéciale et irrégulière.

M. de Gailhard-Bancel. — Mon cher collègue, l'Union du Sud-Est a un Comité de contentieux qui ne laisse pas passer la moindre irrégularité. Lorsqu'une opération quelconque a passé au laminoir de ce Comité, vous pouvez être rassuré ; elle est légale.

M. le président de la Commission. — Permettez-moi de vous dire, mon cher collègue, que ce laminoir est insuffisant, car la Commission de répartition des fonds de la Banque de France, l'année dernière, a relevé des irrégularités telles que nous avons refusé une subvention à la banque de M. Duport.

M. de Gailhard-Bancel. — M. Duport aura l'occasion de s'expliquer.

M. le président de la Commission. — Elle a fait des opérations commerciales directes, sous le couvert du Crédit agricole ; c'est ce que nous voulons empêcher par la nouvelle loi.

M. de Gailhard-Bancel. — Je ne conteste pas le principe de la nouvelle loi.

M. le président de la Commission. — Ne nous donnez pas comme exemple de régularité la banque dont vous parlez.

M. Jean Codet. — Elle est tout à fait irrégulière.

M. de Gailhard-Bancel. — Tout le monde peut commettre une erreur, même en prenant toutes les précautions utiles pour l'éviter.

M. le président de la Commission. — Il y a des erreurs intelligentes. *(On rit)*.

M. de Gailhard-Bancel. — Je ne sais pas ce que vous voulez dire, mon cher collègue, mais je n'accepterai pas, à l'égard de mon ami, M. Duport, la moindre parole qui puisse être désobligeante, car c'est l'homme du dévouement par excellence et nul, peut-être en France, n'a fait de plus grands efforts pour développer le Crédit agricole.

M. Jean Codet. — On n'attaque pas son honorabilité ; on dit seulement que la banque du Sud-Est fait des opérations irrégulières en dehors du Crédit mutuel, et la preuve, c'est que la Commission de répartition a été amenée à lui refuser une subvention.

M. de Gailhard-Bancel. — Si votre projet de loi peut régulariser cette situation, tant mieux. Je le répète, je ne conteste pas le principe du projet ; je me contente de le condenser en un seul article. Votre texte semble dispenser les coopératives agricoles d'utiliser les Caisses locales. J'estime, quoi qu'en ait dit M. le Ministre de l'Agriculture, que les coopératives agricoles, formées par des membres d'un ou de plusieurs Syndicats agricoles, qui empruntent par l'intermédiaire d'une Caisse locale à la Caisse régionale, ne commettent pas d'irrégularités.

La discussion continua longue et aigre-douce entre le président de la Commission, quelques-uns de ses membres, le ministre et moi. Je finis par accéder à la demande que m'adressa le ministre de retirer mon amendement. Mieux valait le retirer que le laisser rejeter par une majorité hostile.

Le ministre, d'ailleurs, ne s'était pas associé aux reproches adressés à la Caisse de l'Union du Sud-Est et à Duport par le président de la Commission d'agriculture, M. Decker David.

Bien entendu, je me hâtai d'envoyer le *Journal Officiel* à Duport, qui m'en accusa réception par la lettre qui suit :

Mon cher ami,

Je n'ai pu lire l'*Officiel* que hier dans la soirée, par suite d'une courte absence, et je veux de suite vous remercier d'avoir fait de votre mieux pour me défendre contre les sournoises attaques de M. Decker David.

En ce qui me concerne, je dédaigne les attaques de gens que je ne puis estimer, et je n'ai cure d'insinuations du genre de celles que j'ai lues dans la discussion ; la bassesse des moyens qui leur font dire qu'il y a des erreurs intelligentes me donne droit de les juger. Mais il n'y a pas eu d'erreurs, il n'y a pas eu d'illégalités, et vous pouvez les mettre au défi d'exercer des poursuites pour violation de la loi de 1899, ce qui serait leur seul droit, car il est abominable qu'à l'abri de l'impunité de la tribune, on puisse accuser une Société d'avoir violé la loi, alors que tout est absolument légal.

Donc, pour moi, il serait bien inutile de revenir sur le débat, mais pour la Caisse régionale il n'en est peut-être pas de même, et vous aurez à voir si, à l'occasion de la suite de la discussion de lundi, il vous est possible d'accrocher une protestation qu'il faudra évidemment faire courte pour ne pas fatiguer la Chambre...

Duport me donnait ensuite d'intéressantes précisions pour la protestation à faire dans le courant de la discussion, et terminait par ces mots :

Au résumé et ce qui domine toute cette querelle, c'est que l'on nous en veut parce que nous réussissons trop bien.

La discussion sur le projet de loi fut reprise à la séance du 29 janvier et se termina à la même séance par son adoption.

Par je ne sais quelle circonstance, il ne m'avait pas été possible d'assister à cette séance, et ce ne fut que le lendemain, 30 janvier, au cours de la discussion du budget de l'agriculture, qu'il me fut possible de remettre sur le tapis la question qui intéressait la Caisse régionale de l'Union du Sud-Est et Duport.

Je commençai mon discours en combattant la réassurance des risques agricoles par une Caisse d'Etat qu'il était question de créer, j'abordai ensuite la question de l'enseignement agricole. Je dis ce qu'avaient fait pour le développer nos Syndicats agricoles et signalai les obstacles que nous avions rencontrés de la part de l'administration. Un inspecteur d'Académie s'était ému d'un cours d'agriculture organisé par un jeune paysan dans sa commune, et avait réussi à le faire interrompre sous le prétexte qu'on y donnait aussi quelques leçons rudimentaires de musique.

Je continuai en protestant contre les retards injustifiés apportés tant à l'attribution à certaines Caisses d'assurance incendie de subventions qu'elles avaient demandées, qu'à des réponses, impatiemment attendues par des Caisses d'une autre nature, à des questions qu'elles avaient posées aux services compétents du ministère de l'Agriculture.

Et je signalai une demande de consultation sur une question particulièrement délicate, faite depuis deux mois par la Caisse régionale de crédit agricole de l'Union du Sud-Est et à laquelle il n'avait pas encore été répondu.

Ce fut pour moi l'occasion attendue de reprendre la question des reproches adressés huit jours avant à la Caisse régionale de crédit de l'Union du Sud-Est et à M. Duport par M. Decker David, président de la Commission d'agriculture, reproches qui avaient si justement ému Duport.

Ils avaient trait aux rapports de la Caisse de crédit avec la Société coopérative créée aussi par l'Union du Sud-Est ; on avait osé prétendre que cette Société entretenait un brillant état-major avec les fonds avancés à la Caisse de crédit sur les fonds de la Banque de France.

Voici le passage de mon discours relatif à ce point particulier et à Duport :

Je veux dire un mot d'une Société qu'on a mise en cause avec une insistance particulière. On a reproché vivement à la Caisse régionale d'avoir traité avec elle: il s'agit de la Société coopérative de consommation qui a été fondée par l'Union du Sud-Est. Or, cette Société n'a traité avec la Caisse régionale de crédit qu'à deux reprises, et nullement dans son propre intérêt, mais dans celui de la Caisse régionale.

Au mois de mars dernier, la Caisse régionale de crédit avait des disponibilités considérables. Ce phénomène se produit à certains moments ; il y a en agriculture des périodes de morte-saison. La grande sécheresse de l'hiver et du printemps derniers ont fait ajourner les achats d'engrais, et nous nous sommes aperçu dans tous les Syndicats qu'il y avait un ralentissement des achats.

La Caisse régionale donc avait des disponibilités ; la Coopérative avait, de son côté, du papier à négocier. La Caisse régionale lui a dit : « Rendez-nous le service de nous faire négocier votre papier pour une certaine somme. » La Coopérative lui en a donné pour 48.000 fr. C'est la seule opération d'escompte qui soit intervenue entre elles.

L'autre opération est d'un genre tout différent. Au mois de juillet, la Caisse régionale n'avait pas reçu la part qui lui avait été attribuée dans la répartition des fonds du Crédit agricole ; on la faisait attendre. Les agriculteurs avaient besoin d'argent pour acheter du bétail et l'envoyer dans la montagne ; c'est ce qu'on appelle l'inalpage.

Dans cette détresse, la Caisse étant vide, tous les fonds étant employés, la subvention ou les avances n'étant pas encore payées, la Caisse régionale eut encore recours aux bons offices de la Coopérative, et celle-ci lui avança 25.000 francs. Mais il y a mieux ; les demandes des cultivateurs se multipliant, et les avances sur les fonds du Crédit agricole se faisant toujours attendre, M. Duport a avancé de sa poche à la Caisse régionale, à un intérêt des plus modiques, à 1 %, la somme de 80.000 francs.

Et voilà comment la Coopérative du Sud-Est, qui, au dire de ceux qui la critiquent, payerait un brillant état-major avec les fonds du Crédit mutuel, a rendu, au contraire, un service important à la Caisse régionale de crédit agricole et aux agriculteurs. (*Très bien ! Très bien !* *à droite et au centre.*)

Je ne veux pas insister. Si j'ai abordé cette question, c'est qu'elle a été soulevée par un de nos collègues dans une précédente séance.

Je me bornerai à dire encore que l'honorable M. Duport, qui n'est pas président de la Caisse régionale de crédit agricole — le président est M. Joannard — mais qui participe à l'administration de cette Caisse, s'il n'a pas trouvé ici toute la justice qu'il aurait pu espérer, a du moins été largement dédommagé de ses efforts par la reconnaissance des agriculteurs, par la satisfaction du devoir accompli et aussi par la distinction qu'il a reçue tout récemment de l'Académie des sciences morales et politiques, qui lui a décerné une de ses plus hautes récompenses.

Mon discours n'avait certainement pas été agréable au ministre ; il plaida le mieux qu'il put la cause de ses divers services que j'avais critiqués, et, arrivé à l'affaire de la Caisse régionale de l'Union du Sud-Est, et de Duport, il fit quelques déclarations, assez vagues et sans grande portée ; il rappela qu'il s'était tenu dans la plus extrême réserve lors des incidents qui s'étaient produits dans la précédente discussion et ajouta en terminant :

— Quoi qu'il en soit, j'attends la réponse de la Caisse du Sud-Est aux critiques dirigées contre elle pour prendre à son égard une décision définitive.

Il faut croire que la Caisse du Sud-Est répondit victorieusement à ces critiques, car aucune mesure ne fut prise contre elle, et je n'eus plus à intervenir pour la défendre.

§ II. — *Hostilité des milieux officiels contre les Syndicats agricoles. — Mon intervention dans la discussion du budget de l'Agriculture. — Interruption de Decker David. — Intervention de MM. Mougeot et Ruau.*

A distance, il est aisé d'apercevoir dans l'acrimonie qu'avaient apportée dans leurs critiques contre l'Union du Sud-Est le ministre et les membres de la Commission d'agriculture, que Commission et gouvernement n'avaient pas une bien vive sympathie pour les dirigeants des Syndicats agricoles. Ils ne pouvaient pas nier les services rendus par eux ni leurs progrès ; mais ils s'efforçaient d'en atténuer le mérite en l'attribuant pour la plus large part aux fonctionnaires du ministère de l'Agriculture. On sentait leur dépit des succès des Syndicats qu'ils savaient très bien dus aux hommes désintéressés et dévoués qui avaient fondé la plupart d'entre eux et qui, tout en s'abstenant de faire intervenir la politique dans les Syndicats, demeuraient leurs adversaires sur le terrain politique.

Sans doute, dès ce moment-là, ils cherchaient le moyen, sans les attaquer de front, de les amoindrir et de créer des embarras à leurs fondateurs et dirigeants.

Ce sentiment, ce désir, perçaient dans le rapport du budget de l'Agriculture de 1907 de M. Fernand David ; on y pouvait tirer des lignes comme celles-ci :

Le mouvement syndical a été encouragé et dirigé surtout dans ces dernières années par l'administration de
l'agriculture.

Il n'était pas possible de laisser passer cette affirmation sans la relever, et au cours de la discussion
du budget de 1907, le 22 novembre 1906, je n'y
manquai pas.

— J'estime, dis-je après avoir cité la phrase
qu'on vient de lire, que le mouvement syndical est
né uniquement de l'initiative privée et s'est propagé
grâce à elle.

Et je montrai, par divers exemples, que dès 1884,
l'année même de la promulgation de la loi et dans
les années qui suivirent, mes amis et moi nous
étions préoccupés de fonder des Syndicats à base
cantonale et même communale.

Et aussitôt, je fus interrompu par Decker-David,
président de la Commission d'agriculture qui engagea avec moi, on devine dans quel sentiment, le
dialogue qui suit :

M. Decker-David. — C'est l'organisation future.

M. de Gailhard-Bancel. — Je suis très heureux de me
rencontrer sur ce point avec vous.

M. Decker-David. — Vous avez commencé par le canton, et vous finirez par les communes. Les curés seront
bientôt vos agents dans chaque commune.

M. Louis Dumont (Drôme). — C'est déjà fait.

M. Colliard. — C'est ainsi que les choses se passent

dans l'Union du Sud-Est, à laquelle appartient M. de Gailhard-Bancel.

M. de Gailhard-Bancel. — En effet, les curés se sont parfois occupés des Syndicats, mais je crois fort que c'est l'exception. D'ailleurs, vous ne pouvez pas leur refuser le droit de rendre service à leurs paroissiens. Je n'ai pas besoin de revendiquer, pour les curés, la liberté d'organiser des Syndicats agricoles, c'est leur droit incontestable ; mais, pour mon compte, dans les nombreux Syndicats que j'ai fondés, je n'ai eu que très rarement l'occasion de rencontrer un curé prenant la tête du mouvement syndical.

M. Decker-David. — Mon observation avait simplement pour but d'attirer l'attention du parti républicain.

M. de Gailhard-Bancel. — Ça, c'est votre affaire.

Après ce court incident, j'abordai la question de la réassurance ; je critiquai la réassurance par l'Etat comme je l'avais fait précédemment et dont le rapporteur tint à déclarer qu'il en était plus partisan que jamais. J'exposai ensuite ce que l'initiative privée avait déjà réalisé pour organiser la réassurance et citai la Caisse de réassurance fondée par l'Union centrale des Syndicats agricoles, qui réunissait déjà 642 mutuelles incendie sur 650 ou 700 existant alors et qui comptait le rapporteur général du budget, M. Mougeot, parmi ses administrateurs.

M. Mougeot, qui était présent, me demande immédiatement la permission de dire un mot et il me fut donné alors, du haut de la tribune, d'assister à un spectacle amusant et à un incident peu banal entre le rapporteur général, ancien ministre de l'Agriculture, M. Mougeot, et le ministre actuel, M. Ruau. Le premier n'aurait sans doute pas été fâché de redevenir ministre, et l'autre n'avait aucune envie de lui céder la place.

Ce fut dans le ton et dans les gestes de M. Mougeot, plutôt que dans les termes mêmes de son intervention, que perçaient ses regrets et son désir. Il expliqua comment il avait été contraint d'avoir recours à la Caisse de réassurance de l'Union centrale pour réassurer les nombreuses Caisses de son département par la raison qu'il n'y en avait pas d'autre ! Et il fit le procès des grandes Compagnies d'assurance qui se refusaient à réassurer les petites Caisses mutuelles. Mais, sans le nier, il se garda de se prévaloir de son titre d'administrateur de la Caisse de réassurance de notre Union.

M. Ruau, de son côté, ne le lui reprocha pas ; mais au ton courroucé et indigné avec lequel il invectiva le secrétaire de l'Union qui avait osé écrire dans un rapport que « la présence d'un républicain notable dans le Conseil de sa Caisse de réassurance était un paratonnerre contre les foudres du gouvernement », il était aisé de deviner qu'il était furieux contre son prédécesseur d'avoir recouru à cette Caisse pour réassurer les Caisses de son département et surtout d'avoir accepté de devenir le collègue de cet audacieux secrétaire dans le Conseil d'administration de la Caisse de réassurance de l'Union centrale.

§ III. — *Mort d'Emile Duport.* — *Sa vie.* — *Son œuvre.* — *Son successeur : A. de Fontgalland.*

Deux mois avant cette séance, le 27 juillet 1906, les Syndicats agricoles avaient fait une perte immense, dont ils devaient sentir plus vivement encore l'étendue dans les années qui allaient suivre et leur faire connaître des jours particulièrement difficiles.

Le 27 juillet 1906, Emile Duport avait été emporté par une crise violente de la maladie dont il souffrait depuis quelques années.

Sa mort prématurée fit un vide immense dans l'Union du Sud-Est et dans tous les milieux agricoles de France, où il avait acquis une situation tout à fait prépondérante grâce à sa valeur, à son caractère droit et loyal, à son éloquence à la fois simple et chaleureuse. On l'admirait, on l'appréciait, on l'aimait.

Le comte Louis de Vogüé, alors vice-président, et aujourd'hui président de l'Union centrale des Syndicats agricoles, et aussi de la Société des Agriculteurs de France, a écrit la vie de Duport et l'a fait suivre de quelques-uns de ses écrits et discours, recueillis par M. Pelud qui fut un de ses collaborateurs dévoués à l'Union du Sud-Est.

Cet ouvrage, dit-il dans l'avant-propos, a un double but : honorer un homme qui, pouvant jouir sans effort des dons de la fortune, a consacré sa vie au bien public, jusqu'au sacrifice, proposer un modèle aux hommes d'ac-

tion et de cœur qui veulent travailler au progrès économique et à la paix sociale, sans autre ambition que de
remplir leur devoir.

Ces lignes placées par le comte Louis de Vogüé
en tête des pages où il va, d'une plume élégante et
alerte, avec tout son cœur et sa parfaite connaissance des questions agricoles, esquisser la trop
courte carrière d'Emile Duport, en précisant très
bien la portée et l'intérêt actuel.

Ces pages n'ont rien perdu de leur actualité ; je
dirai volontiers qu'elles en ont acquis une plus
grande à notre époque où la passion de l'argent et
l'amour du plaisir ont atteint un degré alarmant
pour l'avenir du pays. On y verra aussi la trop
grande part qu'eurent dans la fin prématurée de
Duport les incidents pénibles que je viens de rapporter et d'autres incidents analogues qui vinrent s'y
ajouter.

J'écrivis deux articles, à deux années de distance,
sur l'ouvrage de M. de Vogüé. Je suis assuré d'être
agréable à mes amis du Sud-Est en reproduisant ici
celui de ces articles qui parut dans la *Libre Parole*,
sous ce titre : « Une grande figure ».

Les lecteurs de la *Libre Parole* me sauront gré sûrement de leur signaler un ouvrage que je souhaiterais voir
entre les mains de tous les jeunes gens de seize à vingt
ans, dont les familles ont un lien avec le sol, et même
entre les mains de leurs parents.

C'est le volume consacré par le comte Louis de Vogüé
à la mémoire d'Emile Duport, président de l'Union du
Sud-Est des Syndicats agricoles, enlevé prématurément,

il y aura bientôt six ans, à sa famille et à ses œuvres, qui étaient pour lui une seconde famille.

Quelle belle carrière que celle de cet ardent jeune homme ! Comme les chevaliers d'autrefois, il débute par la guerre. En 1870, il a dix-huit ans, il a quitté le collège l'année d'avant pour commencer l'apprentissage du commerce en Angleterre. Aux premiers bruits de guerre, il accourt, il supplie ses parents de lui permettre de s'engager. Son frère aîné est déjà sous les drapeaux ; son père hésite. « Que ferais-tu à ma place ? » lui dit-il ; et son père, vaincu, lui accorde l'autorisation demandée.

Il s'engage dans l'artillerie, part pour Paris avec son régiment, et obtient bien vite les galons de maréchal des logis. Il se comporte bravement pendant le siège et ses chefs le proposent pour la médaille militaire, qui ne lui est pas accordée, parce qu'il est trop jeune ; on la donne à d'autres plus anciens.

Il reprend, après la guerre, son apprentissage commercial, dans le Midi, dont il aimera toujours l'ardent soleil qui va l'aider à refaire sa santé, ébranlée par les fatigues du siège. Pendant huit ans, il se donne tout entier aux affaires, où le succès répond à ses efforts et où il acquiert les qualités d'ordre, de méthode, de précision, qui lui seront si utiles dans la profession d'agriculteur, que son mariage va l'amener à embrasser.

Duport a tout ce qu'il faut pour être classé parmi les heureux de ce monde : grande fortune, famille charmante, relations agréables ; il n'a qu'à se laisser vivre et à jouir tranquillement de sa belle situation. Mais il a le sentiment des devoirs qu'imposent la situation et la fortune et son cœur est trop grand pour se contenter d'une jouissance égoïste. Il y a autour de lui d'autres hommes qui sont moins bien partagés ; le phylloxera est venu les atteindre dans leurs ressources ; les vignes, qui leur procurent l'aisance, sont détruites ; que vont-ils devenir ?

Duport a déjà fait des expériences ; du Midi, il a rapporté des plants américains et constaté leur vigueur ; ces plants survivent au milieu du désastre universel. Il les multiplie, il invite les vignerons d'alentour à venir s'assurer de leur résistance au mal nouveau ; il publie des articles de journaux, des brochures ; il vulgarise la théorie nouvelle de la reconstitution du vignoble, et, sous sa vigoureuse impulsion, les espoirs renaissent, les énergies se réveillent, on se met à l'œuvre et bientôt le vignoble du Beaujolais a repris son joyeux aspect des meilleurs jours.

Entre temps, l'idée de l'Association a commencé à se répandre parmi les agriculteurs ; la loi du 21 mars 1884 sur les Syndicats professionnels avait autorisé la constitution des Syndicats, et de divers côtés, les agriculteurs, cruellement éprouvés, avaient cherché dans l'Association un remède à la triste situation qui leur était faite.

Duport a bien vite deviné la force considérable qui réside dans le Syndicat et les grands services qu'il peut rendre : « Par la loi du 21 mars 1884, écrivait-il, l'agriculture, dans sa détresse, a reçu une arme de défense si puissante, que, si elle sait s'en servir, les effets en seront immenses. » Et, passant de ces paroles aux actes, il fonde un premier Syndicat dans les villages qui entourent la colline de Brouilly.

En même temps, d'autres agriculteurs se sont réunis à Lyon, sous la présidence du comte de Saint-Victor, pour jeter les bases d'un vaste Syndicat qui doit rayonner sur tout le département du Rhône. Ils invitent Duport, qui accourt à leur appel. Ses conceptions, ses plans diffèrent de ceux des amis qui l'ont convié à se joindre à eux ; on cause, on discute courtoisement et il a bientôt fait de les gagner à ses idées, de les convaincre que le Syndicat à petite circonscription, le Syndicat communal ou cantonal, est préférable au Syndicat d'arrondissement ou de département. Si les Syndicats sont trop faibles, ils se grouperont entre eux : « Le groupement des individus n'a-t-il pas pour corollaire le groupement des Associations ? »

Dès lors, l'idée des Unions de Syndicats, qui s'est déjà affirmée par la fondation de l'Union centrale des Syndicats des agriculteurs de France, à Paris, est lancée dans la région lyonnaise ; l'Union beaujolaise, l'Union du Sud-Est, qu'attend un si bel avenir, sont fondées presque en même temps ; elles vont aider à la formation de Syndicats agricoles nouveaux, au développement et à la prospérité de ceux qui existent déjà.

Je vois encore, comme si c'était hier, Duport et ses fidèles collaborateurs, Antonin Guinand et Léon Riboud, venant à Valence, dans le courant de l'été de 1888, pour assister à une réunion de notre Union de la Drôme, qui comptait déjà plus d'un an d'existence, et nous faire part de leur projet de fondation d'une vaste Union régionale qui, tout en respectant l'autonomie des Unions locales, leur fournirait un appui et faciliterait leur tâche. Nous saluâmes ces amis nouveaux comme les messagers de la bonne nouvelle et ce fut de tout cœur que nous donnâmes notre adhésion à l'Union du Sud-Est, qui devint en peu de temps l'ardent foyer de l'œuvre syndicale.

C'est d'abord la défense des intérêts matériels qui est la grande affaire de l'Union : « Pour rendre des services de l'ordre moral, ne faut-il pas en puiser les moyens et l'autorité dans les services d'ordre matériel ? »

Et la reconstitution du vignoble, le choix des cépages, la vulgarisation et l'achat des engrais chimiques et des meilleures méthodes de culture, tout ce qui a trait en un mot à l'intérêt immédiat des agriculteurs, devient l'objet incessant des préoccupations de Duport et de ses collaborateurs de l'Union.

Dans ce but un courtier patenté, auquel peuvent s'adresser les membres des Syndicats unis, pour leurs opérations d'achat et de vente, est installé à Lyon, dans les bureaux de l'Union du Sud-Est. Bientôt le courtier est insuffisant et c'est une Coopérative agricole qui est fondée dans des conditions telles qu'après bientôt vingt années de fonctionnement, aucune retouche à son organisation n'a été nécessaire. Et elle est établie de telle sorte qu'elle ne risquera jamais de détourner les Syndicats de leurs œuvres sociales qui doivent demeurer l'objectif principal de leurs efforts ; elle les aidera, au contraire, grâce aux ressources que, sans tarder, elle mettra à leur disposition, à multiplier ces œuvres.

En même temps, un bulletin mensuel a été créé qui tient les Syndicats et leurs membres en rapports constants avec l'Union ; et chaque année, un almanach spécial vient le compléter en vulgarisant les bienfaits de l'œuvre syndicale, et en préparant les esprits à la pratique de la mutualité, qui, sous les formes les plus variées va, pendant les années qui suivront, s'épanouir dans une magnifique floraison.

Ce sont, en effet, les Caisses de crédit mutuel, les Caisses d'assurance contre la mortalité du bétail, l'assurance contre les accidents du travail, les Mutuelles contre l'incendie, les Caisses de retraites, dont les fondations se succèdent et se multiplient. Elles jaillissent des Syndicats, comme l'eau de sa source, sous la baguette magique de Duport, qui, de plus en plus, si c'est possible, s'est donné tout entier à cette grande œuvre.

Et ce n'est pas seulement en faveur des Syndicats de l'Union du Sud-Est qu'il prodigue son activité et son inlassable dévouement ; tous les ans, il va porter la bonne parole, à Paris, aux assemblées de l'Union centrale des Syndicats et de la Société des agriculteurs de France, dont il est vice-président ; il ne manque pas non plus de prendre part aux Congrès nationaux des Syndicats agricoles, dont il a été l'initiateur et dont il reste l'âme. On est sûr de le rencontrer partout où il peut servir l'agriculture en faisant pénétrer l'idée syndicale, en lui conquérant les esprits et les cœurs.

Voilà l'œuvre de Duport ; et cette œuvre, il l'a accomplie, avec le plus complet désintéressement, avec ses seuls moyens, sans autre collaboration que celle de ses amis, sans avoir jamais reçu le moindre appui, le moindre concours des pouvoirs publics. Que dis-je ? Il a été un moment en butte à leurs vexations et aux rancunes jalouses de certains politiciens et j'ai dû le défendre à la tribune de la Chambre contre des attaques aussi odieuses qu'injustes.

Elles l'attristèrent sans le décourager. Pendant un an encore, il travailla, il se dépensa sans compter, jusqu'au jour où il tomba pour ne plus se relever, âgé à peine de cinquante-deux ans, écrasé par le dur labeur qu'il s'était si généreusement imposé.

N'avais-je pas raison de souhaiter que le volume où est racontée la vie de cet homme de bien, et qui contient un choix de ses discours et de ses écrits, fût mis entre les mains des jeunes hommes de toute condition, de ceux-là surtout qui auront la fortune, des loisirs, l'influence ? Quel plus bel exemple, par le temps d'arrivisme à outrance et d'appétits sans frein où nous vivons, peut-on placer sous leurs yeux, que celui de ce vrai chrétien qui, après avoir si bien rempli sa vie et s'être pieusement préparé à la mort, pouvait dire à ses derniers moments : « Allez chercher un prêtre, et s'il

n'arrive pas à temps, soyez sans inquiétude, je suis
prêt. »

Duport, prévoyant sa fin prochaine, avait désigné
pour son successeur M. de Fontgalland, président
du Syndicat de Die, un des deux ou trois plus anciens Syndicats de France et de l'Union de la Drôme.
Les membres de l'Union eurent à cœur de ratifier
son choix et n'eurent pas à le regretter. Fontgalland
fut un excellent président. Il n'avait certes pas l'envergure de Duport, mais il était intelligent, travailleur, actif ; d'apparence froide, il ne manquait pas
de cordialité et avait de la fermeté. Il parlait simplement, facilement, avec clarté et autorité.

Il est un exemple du rôle que peut jouer la volonté
dans la parole publique. Au début de nos Syndicats,
j'eus l'occasion de constater l'embarras où le mettait l'obligation de parler, lorsque Duport, Guinand
et Léon Riboud vinrent nous voir à Valence pour
nous demander notre adhésion à l'Union du Sud-
Est. Il convenait au déjeuner de porter un toast ;
Fontgalland me demanda de le faire à sa place, en
me disant :

— Vous avez beaucoup plus l'habitude de la parole que moi.

Il sentit bien vite qu'il ne pourrait pas se dispenser de prendre la parole lui-même. Nos banquets
et nos réunions de Syndicats lui en fournirent l'occasion, et il ne tarda pas de parler bien, très bien
même, agréablement et toujours utilement.

Il a conservé la présidence de l'Union du Sud-Est

jusqu'à sa mort survenue en 1926 et a continué fidèlement les traditions de Duport. Toutes les institutions que Duport avait fondées se sont développées
et ont progressé sous sa présidence, et c'est lui qui
a préparé l'organisation de l'assurance contre les
accidents.

CHAPITRE SIXIÈME

Le Gouvernement
contre les Syndicats agricoles

----

§ I. — *Le Gouvernement redoute l'influence des Syn-*
dicats. — Il tente de l'amoindrir. — Plaintes des
commerçants de l'Est. — Quelques Syndicats
sont poursuivis devant les Tribunaux. — Ils
sont condamnés.

Décidément, les Syndicats devenaient un péril public. Ils se multipliaient de tous côtés, les curés se
permettaient d'en fonder dans leurs paroisses ; tous
les jours les Syndicats imaginaient quelques nouveaux services à rendre aux cultivateurs, et chaque
année, à l'occasion de la discussion du budget, un
député indépendant pouvait évoquer ces services à
la tribune.

Ce n'est pas tout ; ils avaient formé des Union régionales, bientôt florissantes, et ces Unions avaient créé à Paris une Union centrale déjà si forte qu'elle avait été seule jusqu'alors à mettre sur pied une Caisse de réassurance à laquelle les petites Caisses locales des Syndicats avaient réassuré la majeure partie de leurs risques.

Et ce n'était pas tout encore, le ministre de l'Agriculture de la veille, celui-là même de qui le ministre actuel avait pris la place, ayant voulu réassurer les Caisses locales auxquelles il s'intéressait, n'avait trouvé pour y parvenir qu'une porte où frapper, la porte de la Caisse de réassurance de l'Union centrale des Syndicats agricoles ! Non seulement on ne la lui avait pas fermée au nez, mais on lui avait offert une place dans le Conseil d'administration de cette Caisse, et le ministre d'hier s'était empressé de l'accepter !

Oui, décidément, c'était intolérable, il y avait un péril syndical, et il importait de le conjurer.

Mais comment ?

Ce n'était pas facile ; les Syndicats agricoles étaient nombreux et puissants ; c'était un gros morceau à avaler !

On cherchait cependant le moyen de se débarrasser d'eux, on n'oubliait pas le mot d'un vieux républicain de 48, Madier de Montjau, qui s'était écrié un jour à la Chambre : « Débarrassons-nous de ce qui nous gêne ». Du moins, si ce n'était pas possible, on parviendrait sans doute à réduire cette force grandissante, à la mater, qui sait ? peut-être à la faire tourner à son profit.

L'occasion se présenta, ou plutôt on la fit naître.

Dans la région de l'Est, depuis quelques années, les Syndicats s'étaient particulièrement développés, grâce à l'activité des curés et des vicaires, qui, libres de leurs mouvements depuis la séparation des Eglises et de l'Etat, se confinaient de moins en moins dans leurs sacristies. Et, en même temps qu'ils se multipliaient, les Syndicats se préoccupaient autant, peut-être plus de leurs intérêts purement économiques que de leurs intérêts professionnels. Ils avaient créé des magasins où l'on trouvait presque tout ce qui était nécessaire au ménage : alimentation, vêtements, chaussures, etc.

Le petit commerce se plaignit : Prendre la défense du petit commerce, faire grief aux Syndicats de sortir de leurs attributions professionnelles et d'être plus commerçants qu'agricoles : quelle bonne occasion d'amorcer une attaque contre eux !

On ne la laissa pas passer ; au lieu de faire entendre aux Syndicats, dont quelques-uns avaient peut-être dépassé les bornes de la concurrence légitime qu'ils pouvaient faire au commerce, qu'il serait plus sage de leur part de rendre surtout des services d'ordre professionnel à leurs membres, le gouvernement donna l'ordre à ses Parquets de les poursuivre en police correctionnelle, et ils furent poursuivis.

Grand émoi dans les Syndicats ! L'Union centrale et les Unions régionales interviennent, les consultations juridiques se multiplient en faveur des Syndicats poursuivis, des avocats leur sont envoyés pour les défendre. L'Union du Sud-Est dépêche à l'un d'eux le président de son contentieux, notre excellent ami Ducurtyl.

Peine perdue ! Malgré tous leurs efforts, malgré les termes formels de la circulaire Waldeck-Rousseau, interprétative de la loi du 21 mars 1884 sur les Syndicats professionnels, où l'on pouvait lire :

Il serait difficile de prévoir toutes les difficultés qui pourront surgir ; elles devront toujours être tranchées dans le sens le plus favorable au développement de la liberté.

Malgré la lettre du ministre du Commerce de 1888, qui avait reconnu la légalité des opérations réalisées par les Syndicats ; malgré l'article 1er de la loi du 5 novembre 1894 sur le crédit agricole dont l'article 1er précisait que : « Ces Sociétés de crédit ont pour objet de faciliter et garantir les opérations concernant l'industrie agricole, effectuées par les Syndicats » ; malgré la loi du 17 novembre 1897 qui autorisait la Banque de France à escompter les effets de commerce souscrits par les Syndicats agricoles ; malgré cet ensemble de solides arguments, les tribunaux correctionnels, la Cour d'appel de Nancy et la Cour de cassation elle-même refusèrent aux Syndicats agricoles le droit de faire des opérations qu'ils avaient faites paisiblement depuis bientôt vingt-cinq ans et condamnèrent les Syndicats poursuivis.

§ II. — *Le Gouvernement prétend les sauver. — Il dépose un projet de loi. — Ce projet menace l'indépendance des Syndicats. — MM Delalande et Ducartyl le jugent sévèrement. — Il est attaqué vivement dans la Presse. — Une discussion à son sujet à la Chambre.*

Le gouvernement avait dès lors la partie belle ; la Cour de cassation avait déclaré illicites les opérations faites par les Syndicats et les avait condamnés à se dissoudre ; il allait se constituer leur défenseur et les sauver, mais la vie ne leur serait accordée qu'au prix de leur liberté.

Désormais, les Syndicats agricoles seraient exclus du bénéfice de la loi du 21 mars 1884 et régis uniquement par une loi nouvelle, faite pour eux. Cette loi les autoriserait à faire les opérations interdites par la jurisprudence récente, mais dans des limites étroites et à certaines conditions, qui les placeraient sous la dépendance et le contrôle de l'administration. Ils auraient la vie sauve, mais une vie précaire et asservie.

Le nouveau projet fut déposé par le ministre de l'Agriculture le 19 juin 1908. Il avait pour titre : « Projet de loi relatif à la constitution et au fonctionnement des Syndicats agricoles » et fut envoyé à la Commission de l'Agriculture, que présidait Decker-David, un des adversaires les plus acharnés des Syndicats.

L'exposé des motifs débutait par un éloge complet

de l'œuvre accomplie par les Syndicats agricoles, il affirmait ensuite l'illégalité des moyens qu'ils avaient employés pour faire cette œuvre si utile et si belle et il avait pour but de leur permettre de s'organiser et de fonctionner désormais dans la légalité.

Mais, après les éloges et les promesses, venaient la règlementation et les restrictions, et M. Delalande, président de l'Union centrale, analysant le projet, pouvait écrire :

— Il est gros de menace pour le mouvement syndical.

D'un trait de plume, il retranche les agriculteurs du nombre des grandes familles professionnelles, en les obligeant à rester en dehors de la loi du 21 mars 1884 et en faisant de leurs Syndicats, non plus une organisation de la profession, mais une institution économique, une coopérative à capacité limitée. Et, de ce fait, il assujettit les nouveaux Syndicats à la tutelle et à la surveillance de l'administration.

Il bouleverse les cadres de leur organisation actuelle et entrave leur développement en les privant du droit de constituer des Unions de Syndicats. N'est-ce pas cependant aux Unions qu'est due cette merveilleuse floraison d'institutions d'assistance et de prévoyance juxtaposées aux Syndicats et qui rendent aux cultivateurs de si grands services ?

En échange de la facilité de former des Unions, aucun droit nouveau ne leur est accordé, et les institutions d'assistance et de prévoyance ne leur seront plus désormais rattachées par aucun lien. La famille professionnelle, c'est-à-dire le Syndicat, est brisée.

Les mêmes critiques contre le projet Ruau furent renouvelées avec une grande vigueur par M. Ducurtyl, président du contentieux de l'Union du Sud-Est, à l'Assemblée générale de l'Union, qui eut lieu les 25 et 26 novembre 1908, à Lyon.

Interdire aux Syndicats de former des Unions, dit-il, c'est impossible ! Les Unions, mais c'est la vie, c'est la force des Syndicats ! Interdire aux Syndicats de s'unir, c'est les réduire à l'impuissance, à l'anémie.

Et il cita une phrase, écrite par M. Ruau, lui-même qui avait reconnu dans le rapport du budget de l'agriculture de 1904 « que les petits Syndicats pouvaient acquérir les moyens d'action qui leur faisaient défaut en constituant des Unions de Syndicats ».

Une campagne de presse ne tarda pas de s'engager contre le projet du ministre de l'Agriculture ; elle devint très vive vers la fin de l'année 1908 et surtout dans les premiers mois de l'année 1909, lorsque le rapporteur de la commission de l'agriculture, M. Decker-David, eut déposé son rapport qui concluait, bien entendu, à l'adoption du projet ministériel.

Ces critiques, ces attaques contre son projet irritaient beaucoup M. Ruau, et il m'en donna la preuve lors de la discussion du budget de l'agriculture de 1909, à la séance du 5 novembre 1908.

J'étais à la tribune, discutant le rapport de M. Noulens qui en était rapporteur. Tout en faisant une légère allusion au projet de loi sur les Syndicats économiques, je déclarai que je ne jugeais pas le moment venu de le discuter, lorsque brusquement, d'un ton rageur, le ministre m'interrompit :

M. le ministre de l'Agriculture. — Il serait assez intéressant cependant, Monsieur de Gailhard-Bancel — et, pour ma part, j'en serai très heureux — que vous voulussiez bien donner votre avis sur cette question, parce que, depuis trois mois, je vois mener dans une certaine presse une campagne contre un projet qui a uniquement pour but de défendre les agriculteurs. Cette campagne est de nature politique et il me serait agréable de m'en expliquer. (*Applaudissements à gauche.*)

M. de Gailhard-Bancel. — Je peux vous affirmer, Monsieur le ministre, qu'il n'y a dans les critiques que nous adressons à ce projet de loi aucune arrière-pensée politique.

M. le ministre de l'Agriculture. — Alors, il est bien surprenant que toutes les *Croix* de France aient combattu ce projet avec des arguments identiques, venant des mêmes personnes et que certaines grandes Sociétés d'agriculture que je ne nommerai pas autrement...

M. de Gailhard-Bancel. — Vous pouvez les nommer.

M. le ministre de l'Agriculture. — Aient pris seules, en France, la défense d'errements qui ont failli compromettre à tout jamais les Syndicats agricoles en les entraînant dans une voie contraire aux intérêts du petit commerce. (*Nouveaux applaudissements sur les mêmes bancs.*)

M. de Gailhard-Bancel. — Nous n'avons point le moins du monde l'intention d'opposer les Syndicats agricoles au petit commerce.

M. le ministre de l'Agriculture. — Je montrerai comment vos amis le font.

M. de Gailhard-Bancel. — La plupart de ceux qui s'oc-
cupent des Syndicats agricoles se sont efforcés de restreindre cette tendance qu'avaient certains membres des
Syndicats à demander à ceux-ci de leur procurer tout ce
dont ils avaient besoin.

Nous avons depuis vingt ans réagi contre cette tendance, non sans difficulté, je vous assure.

Vous me demandez, Monsieur le ministre, quelles sont
les critiques que nous pouvons adresser à votre projet.

M. le ministre de l'Agriculture. — Je ne tiens pas à
passionner le débat, je vous demande simplement d'exposer en quoi le projet vous paraît mauvais.

M. de Gailhard-Bancel. — Je voulais adresser quelques
observations à M. le rapporteur, sans faire allusion à
votre projet. Je ne veux pas le discuter aujourd'hui, car
ce n'est pas le moment. Pour mon compte, je serais très
heureux de vous fournir un moyen, si vous vouliez bien
l'accepter venant de moi, de résoudre toutes ces difficultés dans le sens où les Syndicats le désirent et où vous-
mêmes le désirez, je ne veux pas en douter ; vous voyez
donc que je ne cherche nullement, moi non plus, à passionner le débat ?

Et je continuai en reprochant au rapporteur de
n'avoir pas rappelé, en faisant allusion dans son
rapport au projet de loi sur les Syndicats économiques, les déclarations si libérales de Waldeck-Rousseau dans la circulaire interprétative de la loi de
1884, que j'ai déjà citée.

Je fis encore, sans insister, quelques observations

sur le projet de loi si cher au ministre, son auteur, et ce fut tout. Il n'entrait pas dans notre tactique d'engager à fond dès ce moment, à la tribune, le débat sur ce projet ; il fallait seulement préparer peu à peu le terrain parlementaire à s'intéresser au sort de nos Syndicats.

L'Union centrale d'ailleurs y travaillait d'accord avec nous, et quelque temps après, le 25 novembre, elle convoquait à une réunion tous les députés de droite et de gauche que la question des Syndicats agricoles pouvait préoccuper.

CHAPITRE SEPTIÈME

Résistance au nouveau projet de loi

§ I. — *L'Union Centrale organise la résistance. — Une importante réunion rue d'Athènes. — Discours de M. Millerand. — Je dépose un contre-projet. — Une discussion au Musée Social sur le projet du Gouvernement.*

Un grand nombre de députés de droite et du centre se rendirent à l'invitation de l'Union centrale. Mais aucun député du bloc n'y avait répondu.

La séance était commencée depuis un moment déjà, un de nos collègues était à la tribune, exposant le but de la réunion, lorsque tout à coup nous eûmes la surprise de voir entrer M. Millerand qui traversa la salle d'un pas rapide, pour rejoindre le bureau de l'Union, massé autour de la tribune. Il écouta et au bout d'un instant demanda la parole.

Son influence était grande alors dans la majorité

de la Chambre : il était président de la Commission du travail et nous le savions très partisan de la loi sur les Syndicats professionnels. Des discours qu'il avait prononcés dans diverses circonstances sur leur rôle social montraient que ses idées à cet égard étaient très proches des nôtres.

Il posa d'abord en principe que tous les Syndicats sont avant tout des associations professionnelles de travailleurs, relevant de la loi du 21 mars 1884, qui leur a rendu le droit de s'associer. Il déclara que les agriculteurs plus que les autres avaient su profiter de cette loi pour améliorer leur condition, développer l'enseignement professionnel, créer de nombreuses institutions d'assistance et de prévoyance, réaliser dans leurs cultures des progrès auxquels on était unanime à rendre hommage.

Il s'étonna qu'on ait pu avoir l'idée d'arrêter par une interprétation restrictive de la loi de 1884 un mouvement si fécond qui, sans troubles, sans agitation, avec une prudence, une sagesse qu'on peut donner en exemple aux autres Syndicats professionnels, avait su réaliser en moins de vingt-cinq ans tant d'œuvres de solidarité.

— Vous avez, dit-il, devancé peut-être la législation en outrepassant les limites imposées par la loi de 1884 ; vous avez marché de l'avant, vous avez fait œuvre utile et bonne. Cette œuvre, voilà plus de vingt ans que vous la pratiquez, elle est excellente ; loin de l'entraver, le législateur a le devoir de l'encourager, de la sanctionner, si cela est nécessaire. Nous joindrons nos efforts aux vôtres pour obtenir la réforme de la loi de 1884 en demandant que l'on accorde aux Syndicats le droit de rendre les services matériels qu'ils ont rendus jusqu'à ce jour, peut-être en marge de la loi actuelle, mais que nous confirmerons en les consacrant par un texte nouveau. Nous donnerons ainsi un nouvelle puissance aux Syndicats agricoles et ouvriers.

Et il termina en assurant encore les membres des Syndicats de tout son concours pour la défense des libertés syndicales.

Ses collègues de la Chambre présents et les membres de l'Union centrale firent à ces paroles un accueil chaleureux. M. Delalande, président de l'Union, remercia M. Millerand en l'assurant que son concours augmentait l'espoir déjà bien vif qu'avaient les agriculteurs de conserver tels qu'ils étaient leurs Syndicats.

Cette réunion et l'intervention de M. Millerand, qui avait pris si nettement position contre le projet de loi Ruau, firent grand bruit dans la presse, et les hostilités engagées depuis le dépôt du projet entre ses partisans et ses adversaires s'accentuèrent encore.

Le 13 décembre, je déposai une proposition de loi, que signèrent avec moi plusieurs collègues de presque tous les partis. Elle était le contre-pied du projet ministériel et donnait aux Syndicats tous les droits que les arrêts de justice leur avaient contestés.

Elle fut bien accueillie par les partisans des Syndicats. L'Union centrale la fit sienne avec une légère modification, et la plupart des grandes associations agricoles, l'Union du Sud-Est notamment, lui donnèrent leur adhésion.

Dans son bulletin de janvier 1909, l'Union du Sud-Est fit suivre le texte de ma proposition de ces quelques lignes énergiques :

Si la loi votée ne leur donne pas satisfaction, les agriculteurs délibéreront sur les mesures à prendre. Peut-être seront-ils, malgré eux, poussés vers les formes les plus hardies et, qui sait, peut-être les plus fécondes.

Charles Gide, le grand apôtre de la coopération, n'a-t-il pas dit : « Si l'on veut armer en guerre la coopération pour conquérir le monde, ce sont les formes empruntées aux Sociétés capitalistes qui doivent leur servir d'armure. »

Mon contre-projet ne tarda pas de recevoir, au moins dans son principe, l'approbation de M. Millerand. Une grande conférence avait été organisée au Musée social, sous la présidence de M. Tisserand, directeur honoraire de l'agriculture. C'était la première d'une série de conférences et la question à l'ordre du jour était précisément la question brûlante des Syndicats agricoles.

Le rapporteur était M. Tardy, adjoint au service agricole du Musée social et haut fonctionnaire du ministère de l'Agriculture. Il ne pouvait évidemment faire qu'un rapport favorable au projet de son ministre et il le fit avec autant de modération que d'habileté. Il ne dénia pas aux Syndicats le droit de faire des opérations d'achat et de vente en faveur de leurs membres : toutefois, il déclara qu'il était utile de faire une loi spéciale, « ne serait-ce, dit-il, que pour régler la situation des anciens Syndicats ».

Il affirma d'ailleurs, que le projet de son ministre était beaucoup moins dangereux qu'on voulait bien le dire, et jugea tout à fait injustifiées les attaques dont il était l'objet. D'après lui, il ne modifiait pas la situation des Unions actuelles, comme on l'avait cru, et devait être beaucoup plus utile aux Syndicats que ma proposition dont il fit une critique, très courtoise d'ailleurs. Il termina en disant que mieux valait discuter le projet et le modifier que de se livrer à des polémiques irritantes. De la discussion sortirait un projet qui donnerait satisfaction à tout le monde et permettrait aux Syndicats de continuer à être les promoteurs de l'évolution économique et sociale des populations rurales.

M. Salmond fit une forte critique de l'arrêt de la Cour de Cassation qui avait condamné les Syndicats agricoles.

M. Millerand, sans s'associer à ces critiques, se déclara partisan de ma proposition et se prononça pour le droit des Syndicats agricoles de faire les opérations qu'ils avaient faites et pour le droit des Unions de Syndicats professionnels de faire les mêmes opérations et de se constituer des réserves et un patrimoine corporatif.

M. Ricard, futur ministre de l'Agriculture de M. Millerand en 1919, s'affirma aussi partisan de ma proposition et d'un patrimoine corporatif, pour tous les Syndicats professionnels. Il reprocha au projet Ruau d'enlever aux Syndicats une partie de leurs attributions, de ne pas leur permettre de se constituer des réserves et de ne pas leur donner le droit de former des Unions.

D'autres observations furent encore échangées. Aucun vote ne fut émis, mais le président, M. Tisserand, après avoir montré l'intérêt de ces causeries-conférences, exprima l'espoir que la nouvelle législation permettrait aux Syndicats agricoles de continuer les opérations, grâce auxquelles ils avaient rendu tant de services aux agriculteurs.

J'ai rapporté un peu longuement cette discussion parce qu'on y trouve, sous la plume de M. Tardy, une défense habile du projet ministériel, en même temps qu'une énergique affirmation du droit des Syndicats agricoles par un des partisans de ce projet.

§ II. — *Violentes attaques dans la Presse contre les dirigeants des Syndicats agricoles. — Une interview du Ministre de l'Agriculture, M. Ruau et du rapporteur du projet, M. Decker-David. — M. Ricard répond à l'interwiew de Decker-David. — Intervention de la Fédération nationale des Syndicats agricoles.*

Mais il s'en fallait de beaucoup que les défenseurs du projet demeurassent toujours dans la même note. Dans maintes feuilles de Paris et de la province les défenseurs des Syndicats agricoles étaient qualifiés « de partisans du trône et de l'autel, de syndiqués

du Pape, du roi et de l'empereur, agissant avec ruse
et fourberie ».

Voici, d'ailleurs, un échantillon de cette prose. Je
le retrouve dans une coupure d'un petit journal de
la Nièvre, *L'Echo de Clamecy*, du 28 février 1909,
conservé par hasard.

La Congrégation, chassée de France, qui, en ce moment règne souverainement sur l'esprit du Pape, veut
tenter un dernier et suprême assaut contre nos institutions. Lentement, patiemment, avec ténacité, elle s'ef-
force de reconstituer tous les rouages dont elle a besoin
pour arriver à ses fins. Elle sait que le plus urgent est
d'abord de ramener et de capter le plus grand nombre possible d'électeurs qui, au moment voulu, obéiront docile-
ment aux ordres qu'ils recevront. Or, c'est précisément à
une manœuvre de ce genre que nous assistons depuis quelque temps.

La loi sur les Syndicats a paru à ces ennemis irréduc-
tibles du monde moderne une arme merveilleuse dont ils
pourraient tirer grand profit, et sur leur inspiration, pour
ne pas dire leur ordre, un certain nombre de curés choisis
parmi les plus ardents, les plus combatifs, les plus hostiles
au gouvernement de leur pays, mais, par contre, les plus
soumis aux volontés venues du dehors, s'évertuent à créer
tous les jours des groupements politiques dans nos communes, sous l'apparent prétexte de défense des intérêts
agricoles. Ils ont d'ailleurs trouvé un concours empressé
auprès des réactionnaires militants, des hobereaux et
châtelains plus ou moins authentiques, qui ne peuvent
pardonner à la République de chercher, en ce moment, à
diminuer les charges énormes qui pèsent sur les petits et

moyens cultivateurs en leur demandant, à eux, de payer un peu plus.

Le mot d'ordre est donné un peu partout, et, sous le nom de Syndicats agricoles, nous voyons éclore presque chaque jour des associations ayant, pour président, M. de X..., et, pour secrétaire, le curé Y.... Touchant accord, une fois de plus, de la réaction aveugle et du cléricalisme fanatisé.

Le véritable but, d'ailleurs, de cette étroite union est soigneusement dissimulé aux naïfs qui veulent bien se laisser embrigader. Mais je m'imagine volontiers que ces derniers sont plus rares qu'on ne croit et que ceux qui donnent leur adhésion savent parfaitement de quoi il retourne. En général, ce ne sont que des adversaires endurcis du gouvernement, et lorsque, sous couleur d'assister à la réunion de l'Union nivernaise des Syndicats agricoles, ils viennent à Nevers pour entendre les discours de M. le comte de X...., de M. le marquis de Y..., de M. le duc de Z..., renforcés par les harangues enflammées de la douzaine de curés présents, le tout agrémenté de la bénédiction de l'évêque, ils savent parfaitement qu'en fait d'intérêts agricoles, c'est surtout de dispositions à prendre contre nos institutions et les républicains qu'il s'agit.

. . . .

Je citerai encore un journal parisien *Les Nouvelles*, qui donnait aussi sa note dans le concert de critiques contre les dirigeants des Syndicats agricoles, moins grossièrement mais plus perfidement, et s'indignait contre leurs critiques du projet Ruau.

En un mot, tous les cultivateurs, comprenant que, dans une question professionnelle, c'est surtout le côté professionnel qui doit faire l'objet de leurs préoccupations, se sont ralliés avec empressement à la mesure du ministre.

L'opposition, nous ne saurions trop le répéter, ne s'est manifestée que de la part de certaines « Unions » dont l'unique souci est de chercher à saper les institutions bienfaisantes susceptibles de consolider ou de faire accepter le principe de la République par les derniers réfractaires. Ceux-ci ne peuvent manquer de s'apercevoir, à la longue, que le gouvernement républicain a plus fait pour l'agriculture en un seul ministère que tous les régimes qui se sont succédé en France.

Aussi les « Unions aristocratiques » ont-elles puisé, ces temps-ci, dans leurs *Caisses noires* (alimentées par les naïfs) pour lutter avec autant d'acharnement que de mauvaise foi contre le projet de transformation des Syndicats.

La « noblesse du sol » sent très bien qu'elle joue son dernier atout et que, si elle ne reste pas maîtresse des quelques rares Syndicats qu'elle a encore en main, c'en est fait du dernier vestige d'influence qu'elle avait encore l'illusion de conserver.

Le ministre allait intervenir lui-même dans la polémique. A la suite des lignes qui précèdent, les *Nouvelles* ajoutaient :

Bien que ces manifestations d'hostilité ne présentent pas grand intérêt, nous avons pensé qu'il serait agréable à nos lecteurs de connaître les impressions du ministre de l'Agriculture sur la campagne que les chouans essayent de mener contre lui.

Nous nous faisons un devoir de rapporter fidèlement ses propres paroles.

« Je suis las, par moments, nous dit M. Ruau, d'en-

tendre certains partis dire toujours qu'ils se confondent
avec l'agriculture. Quelle insoutenable et irritante pré-
tention !

« Je ne voudrais pas polémiquer, mais à ces associations qui mêlent toujours les questions confessionnelles,
politiques et agricoles, je n'ai cessé d'opposer impartiale-
ment l'histoire de la troisième République, voire même
celle de la seconde, et de montrer que les seuls progrès
faits sous l'égide des gouvernements ont été réalisés par
le régime des libertés républicaines. »

Après quoi, le ministre se pâmait d'admiration
devant l'œuvre des Syndicats agricoles, versait un
pleur sur le sort pénible que leur faisait l'arrêt de la
Cour de cassation, et faisait enfin l'éloge de son projet qui serait leur salut, et il terminait par ces mots :

D'ailleurs, la discussion viendra sous peu de jours,
puisque je viens d'avoir le plaisir de lire la première
épreuve du rapport déposé par mon excellent ami
M. Decker-David. Avec son tempérament combatif, son
amabilité et sa cordialité constante, il a bien voulu soutenir mon projet : je suis heureux de pouvoir défendre d'accord avec lui, les intérêts de l'agriculture en cette matière.

Et les *Nouvelles* ajoutaient comme conclusion,
pour bien souligner ce que les adversaires des Syndicats attendaient du projet :

Nous nous félicitons d'avoir la bonne fortune d'enre-
gistrer des déclarations aussi nettes, aussi loyales que
celles que M. Ruau a bien voulu nous faire entendre.

Puissent-elles confondre les détracteurs de son projet :
Notre espoir ne va pas jusque-là. On ne convertit pas
des sectaires ! Mais nous ne doutons pas que ceux qu'ils
avaient induits en erreur ne reviennent à des sentiments
plus justes et plus sensés. Le ministre de l'Agriculture
a donné trop de gages d'attachement et de bienveillance
à la démocratie des campagnes pour qu'aucun cultivateur puisse hésiter un instant entre la droiture de ses intentions et l'hypocrisie des arguments de ses adversaires.

*
* *

Comme le ministre, le rapporteur de la Commission de l'agriculture, Decker-David, qui venait de
déposer son rapport sur le projet Ruau, voulut aussi
avoir son interview et ce fut encore aux *Nouvelles*
qu'il la donna, en même temps d'ailleurs qu'à d'autres journaux, variant le ton des interviews, suivant
la nuance du journal qui l'accueillait.

« La rédaction s'acharne avec une rage désespérée,
dit-il aux *Nouvelles*, à faire échouer le projet ministériel », et de ce projet, qu'il venait de rapporter, il
se hâtait d'affirmer la nécessité.

Il importait, nous a-t-il déclaré, de permettre aux agriculteurs de continuer à se grouper pour acheter en commun les produits dont ils ont besoin pour l'exploitation
du sol, les machines, engrais, matières alimentaires pour
le bétail, produits nécessaires pour la lutte contre les
insectes, les maladies cryptogamiques, les intempéries,
et pour mieux vendre les produits récoltés par eux. Il
fallait, d'un autre côté, réprimer les abus dans lesquels

étaient tombés certains Syndicats qui étaient devenus
en fait de véritables maisons de commerce ayant des bou-
tiques d'épicerie ou des magasins de quincaillerie et qui
faisaient une concurrence injustifiée aux petits commerçants.

La Commission a repoussé la proposition de loi de
M. de Gailhard-Bancel, qui avait pour but de donner à
tous les Syndicats professionnels le droit de faire des
opérations d'achat et de vente — ce qui était bien plus
dangereux pour le commerce — et peut-être aussi pour
les Syndicats eux-mêmes. Elle n'a pas cru, avec le gouvernement, que l'on puisse modifier maintenant la loi
de 1884 en étendant la capacité commerciale des Syndicats.

Quelques aveux précieux pour nous lui échap-
paient cependant : Ce fut ainsi qu'il reconnut, sans
y penser sans doute, le bien fondé de certaines de
nos critiques lorsqu'il ajouta :

Les Syndicats économiques n'ont de *Syndicats que le
nom*, mais il fallait conserver le mot « Syndicat » auquel
sont accoutumés les agriculteurs.

Et nous, ce n'était pas seulement le mot que nous
voulions conserver, c'était surtout la chose !

Un autre aveu lui était échappé encore dans un
autre journal. Il avait écrit dans l'*Agriculture nouvelle* :

Si ce sont de grands seigneurs, de riches propriétaires
qui ont fondé les Syndicats agricoles, c'est l'esprit des
humbles, appelés par eux, qui a prévalu ; c'est l'esprit
démocratique qui y est peu à peu devenu la règle.

M. Ricard, qui prit à la défense des Syndicats agricoles une part très active, répondit au rapporteur de la Commission et adressa sa réponse aux *Nouvelles* qui l'insérèrent.

Après avoir réfuté les affirmations de Decker-David, il montra les dangers du projet Ruau pour les Syndicats agricoles, et protesta contre l'accusation qu'on leur adressait d'être une œuvre politique.

Non, dans le débat actuel, la politique n'a rien à voir; et on ne fera pas admettre qu'en revendiquant le droit pour les Syndicats de la loi de 1884 d'acheter des engrais ou de vendre des noix au nom de leurs membres c'est faire le jeu des tenants de la réaction.

La contreverse est bien claire. Elle ne peut pas dévier.

Si une erreur initiale a été commise lors de la première rédaction de ce projet, c'est aux auteurs qu'il faut s'en prendre et ne pas faire supporter aux Syndicats les effets d'une mauvaise humeur.

L'œuvre projetée est antisyndicale, anti-démocratique et contraire aux tendances qui s'affirment parmi les légistes les plus avertis. Le ministre du Travail, M. Viviani, s'est d'ailleurs refusé à s'y associer et s'est abstenu d'y apposer sa signature, bien qu'il ait été sollicité.

M. Ricard m'envoya cette lettre et y joignit quelques lignes qui me fixaient sur les moyens employés par nos adversaires pour faire vilipender nos œuvres agricoles dans la presse.

Ce fut vers cette époque, je crois, que fut fondée la Fédération nationale des Syndicats agricoles. Com-

ment, par qui, dans quelles conditions fut-elle constituée ? Je ne m'en souviens pas exactement ; mais
le ministre de l'Agriculture et ses amis ne furent
certainement pas étrangers à sa fondation.

Ce que je sais bien, c'est qu'elle se hâta de grouper
les Syndicats, formés en dehors de l'Union centrale
et plus ou moins officiels et apporta au projet Ruau
un semblant d'appui professionnel. Appui modeste
d'ailleurs, car elle ne comptait alors guère plus de
200 Syndicats, alors que l'Union centrale en grou-
pait près de 2.000.

Dans un vœu longuement motivé, après avoir affirmé que les Syndicats du Commerce et de l'Industrie se souciaient fort peu de la capacité commerciale des Syndicats professionnels, et après avoir
vivement critiqué le contre-projet de M. Millerand et
le mien, elle ajouta :

La Fédération insiste sur l'urgence qu'il y a à tran-
cher législativement une difficulté dont seuls les Syndicats agricoles souffrent actuellement.

Maintenant, purement et simplement, son premier avis
tendant à l'adoption du projet de loi déposé par le gouvernement,

Adresse à M. le ministre de l'Agriculture l'expression
de toute sa confiance, en présence des attaques inquali-
fiables dont il a été l'objet pour avoir voulu défendre
énergiquement les droits des vrais Syndicats, ces âmes
du peuple rural.

Cette tentative de dissociation des forces syndicales
n'obtint pas grand succès et demeura sans effet.

§ III. — *Je prends part à la discussion dans la Presse.*
— *Les Syndicats agricoles et le Commerce.*

Je crus devoir prendre part aussi, vers ce moment-là, à cette campagne de presse, qui se prolon-
geait âpre et violente. Je publiai un premier article
dans la *Liberté du Sud-Ouest* sous ce titre : « Pour
les Syndicats agricoles ». Je rappelai les conditions
difficiles dans lesquelles les Syndicats étaient nés et
s'étaient développés, je critiquai vigoureusement
l'arrêt de la Cour de cassation et protestai contre le
projet Ruau, revendiquant pour les Syndicats le
droit de continuer les opérations qu'ils avaient toujours faites et affirmant que si l'on tentait de le leur
enlever, ils sauraient le défendre.

Sous le titre d' « Incohérences et contradictions »,
j'en fis, quelque temps après, paraître un second
dans la *Croix*. J'opposai les discours récents de
MM. Clémenceau, Viviani et Briand, sur les libertés
des Syndicats professionnels, à la loi préparée par
M. Ruau, et m'étonnai que ces libertés, ce fut aux
Syndicats agricoles que les mêmes personnages les
refusassent.

Pendant que certains Syndicats préparaient ostensi-
blement la guerre sociale, à l'abri de la loi et sous l'œil
trop souvent bienveillant de nos gouvernants, les Syndicats agricoles, uniquement préoccupés des intérêts professionnels, matériels et moraux de leurs membres, ac-
complissaient, silencieux et paisibles, leur œuvre de

progrès agricole et de paix sociale. Depuis quelques années, les rapporteurs des budgets de l'Agriculture les couvraient de fleurs et consacraient de longues pages à l'exposé des services si nombreux et si variés qu'ils rendaient autour d'eux.

Le rapporteur du nouveau projet de loi, M. Decker-David, a fait écho à ses devanciers, et, avec des économistes éminents, au début de son rapport, proclame que les Syndicats agricoles sont le chef-d'œuvre de la sociologie, le fait économique le plus remarquable du siècle.

Vous pensez dès lors qu'il va s'empresser de leur procurer les encouragements de la loi, de les récompenser en les faisant bénéficier de dispositions législatives nouvelles, qui leur permettront d'étendre leur action et de multiplier leurs services. Vous vous trompez.

En réalisant ces merveilles, les Syndicats agricoles ont violé la loi. Après vingt-cinq ans, la vigilance des Parquets s'en est enfin aperçue, les Syndicats ont été poursuivis et condamnés, et M. Decker-David vient vous dire gravement que c'est avec raison, que les Syndicats avaient tort, qu'il s'agit à présent de trouver le moyen de les faire vivre légalement.

Et après avoir résumé les fâcheuses conséquences du nouveau régime qu'on se proposait d'infliger aux Syndicats, je protestai vivement contre le reproche que leur adressait Decker-David de poursuivre un but politique.

J'adressai cet article à M. Millerand, de qui je reçus l'accusé de réception très aimable que voici :

Mon cher collègue, merci de l'envoi de votre article. Je me permets de compter sur l'envoi du suivant. Vous avez, vu la décision de la Commission du travail : j'ai bon espoir dans le résultat final. Bien à vous.

MILLERAND.

Je ne manquai pas de lui adresser mon nouvel article, auquel je donnai pour titre : *Les Syndicats agricoles et le Commerce.*

Je démontrai dans cet article que s'il y avait en apparence opposition entre les intérêts des commerçants et ceux des agriculteurs, il existait en fait entre eux une étroite solidarité.

Quel est en effet le premier intérêt des commerçants ? C'est d'avoir des clients disposant de larges ressources. Or, les Syndicats, en contribuant à augmenter le rendement du sol, procurent aux agriculteurs un accroissement de ressources et partant leur puissance d'achat.

Les commerçants, d'ailleurs, sont eux aussi les clients des agriculteurs, qui n'ont par conséquent aucun intérêt à leur nuire et ne leur nuiront pas en se contentant de se procurer par leurs Syndicats ce qui est nécessaire à l'exercice de leur profession.

Mais si, pour conserver le bénéfice de la loi du 21 mars 1884 sur les Syndicats professionnels, les agriculteurs sont acculés à la nécessité de fonder de vastes coopératives qui pourront vendre à tout venant et toutes sortes de marchandises, c'est pour le coup qu'ils créeront aux commerçants une concurrence dangereuse, et de cette concurrence, ce n'est pas aux agriculteurs qu'ils devront s'en prendre,

mais au projet de loi du ministre de l'Agriculture
sur les Syndicats économiques.

Et je terminai l'article par ces lignes :

Il y a tout lieu de croire que les agriculteurs seront
écoutés et que la Chambre, en grande majorité, ne
s'associera pas aux conclusions de sa Commission
d'agriculture et repoussera le projet de loi que celle-
ci lui propose. Elle suivra plutôt sa Commission de
travail, qui a donné un avis défavorable à ce projet et s'est ralliée à une proposition déposée par
MM. Millerand et Dubief, laquelle fait droit aux légitimes réclamations des Syndicats agricoles et sauvegarde tous les intérêts en présence.

§ IV. — *La Commission du Travail de la Chambre
contre la Commission de l'Agriculture.—Le rapport de M. Dubief. — Je le résume et en tire les
conclusions. — Effondrement du projet Ruau.*

Les commerçants, qui, en 1907 et 1908, avaient,
par leurs plaintes, provoqué les poursuites contre les
Syndicats et approuvé le projet Ruau, ne tardèrent
pas de se rendre compte qu'ils avaient, ce faisant,
méconnu leurs vrais intérêts.

La campagne de presse engagée à l'occasion du
nouveau projet de loi avait éveillé leur attention et
commencé à ébranler leur confiance dans l'efficacité
de ce projet.

Il se trouva en même temps qu'un des plus ardents
défenseurs des Syndicats agricoles, M. Ricard, ayant

des relations dans les milieux commerciaux, fut amené à prendre contact avec plusieurs groupements de commerçants.

Il réussit à les convaincre de l'erreur qu'ils avaient commise en 1907 et 1908 ; un revirement complet se produisit dans leur appréciation du projet Ruau, et il advint que les présidents des Chambres de commerce, dans leur réunion annuelle de 1909 et les Syndicats de la Confédération des groupes commerciaux qui comptait plus de 600.000 adhérents, dans leur assemblée générale, après avoir entendu M. Ricard, joignirent leurs protestations à celle des agriculteurs contre le projet Ruau.

Cette défection fut, pour le ministre et pour M. Decker-David, un vrai déboire, et pour le projet de loi un premier coup.

Ce ne fut pas le dernier ; le plus rude lui fut porté par la Commission du travail de la Chambre, que présidait M. Millerand. Le projet Ruau lui avait été envoyé pour avis, à cause de la question des Syndicats professionnels qu'il soulevait.

Elle en fit une étude approfondie, et son rapporteur, M. Dubief, exposa le résultat de cette étude dans un rapport très complet dont le dépôt suivit de près celui du rapport de M. Decker-David sur le projet de loi.

M. Dubief l'envisagea sous tous ses aspects, tant au point de vue de l'intérêt des Syndicats agricoles qu'à celui de l'ensemble des Syndicats professionnels, et il se montra sévère pour le projet Ruau.

Pour donner une idée de ce très intéressant rapport, le plus simple, me semble-t-il, est de reproduire le quatrième article que j'écrivis sur cette affaire des Syndicats, à la veille de la clôture de la session de la Chambre. On y trouvera mon appréciation du moment sur le rapport de M. Dubief et sur ses conclusions.

Mais il y a, dans cet article, une omission qu'il est bon auparavant de réparer.

On n'a pas oublié qu'un des griefs — le grief, en réalité, capital — du gouvernement contre les Syndicats agricoles était d'avoir un but confessionnel, politique, réactionnaire. Il n'était pas aisé à un radical-socialiste bon teint, comme M. Dubief, de s'attaquer à ce grief. Il se tira, ma foi, très habilement de ce pas difficile. On pourra en juger par ce court extrait du rapport :

Au fond, toutes les critiques, toutes les craintes sont inspirées par un même esprit : un certain mouvement d'intolérance, qui répugne à l'extension des libertés syndicales comme à celle de toutes les autres. Nous regrettons qu'on ait cru en faire état. Toutes les fois que vous proposez de concéder un peu plus de latitude à tout ou partie de l'ensemble de la masse des citoyens, vous éveillez les méfiances de ceux qui se croient menacés dans leur situation ou leur influence par la suppression des restrictions encore en vigueur.

Pour qui sait lire entre les lignes la réponse était topique.

Voici maintenant l'article que je publiai, à la veille de la séparation des Chambres, sur le rapport

16

de M. Dubief et sur nos raisons d'espérer, sous le titre de « Rayons d'espoir pour les Syndicats agricoles ».

La Chambre va se séparer sans que le rapport de M. Decker-David, relatif aux Syndicats économiques agricoles, ait été discuté.

Les agriculteurs syndiqués ne se plaindront pas de ce retard : ils ont devant eux un répit de quelques mois, qui se prolongera probablement jusqu'à la législature prochaine.

L'horizon, d'ailleurs, s'est éclairci pour eux ces temps derniers. Si dans les milieux parlementaires ils avaient perdu la première partie devant la Commission d'agriculture, ils ont gagné la seconde devant la Commission du travail qui s'est prononcée contre le projet de loi, déposé par le ministre de l'Agriculture, et a revendiqué hautement pour les Syndicats agricoles le droit d'effectuer les opérations qu'ils ont faites jusqu'à présent.

« Il faut maintenir le fonctionnement des Syndicats agricoles tel qu'il existe, écrit le rapporteur à la Commission du travail, M. Dubief, en s'appropriant les paroles de M. Millerand ; il faut se borner à en modifier les statuts, si je puis dire, sans troubler en rien les habitudes des syndiqués, qu'on risquerait autrement d'écarter pour jamais des Syndicats, et les adapter aux nécessités de la loi de 1884 d'une part, et au fonctionnement actuel des Syndicats d'autre part. »

Et le rapporteur s'élève ensuite vigoureusement contre la *capitis diminutio*, que la Commission d'agriculture propose d'infliger aux Syndicats agricoles ; il proteste contre le dédoublement du mouvement syndical qu'elle tend à établir en leur donnant un statut différent de celui des

o

autres Syndicats professionnels, et qualifie le projet de
loi proposé « de loi à courte vue, qui n'est qu'un expé-
dient ».

Qu'adviendra-t-il, en effet, si d'autres Syndicats professionnels, industriels ou commerciaux, prétendent faire
les opérations que la loi a réservées aux Syndicats agricoles ? Les poursuivra-t-on ? Si on ne les poursuit pas,
on ne pourra pas empêcher dans tous les cas les tiers de les
poursuivre, et les agriculteurs paraîtront ainsi bénéficier
d'un privilège dont ils ne veulent pas d'ailleurs parce
qu'ils l'estiment dangereux pour leur indépendance et
pour le bon fonctionnement de leurs Syndicats :

« Créer ces distinctions, ce serait rétrograder, ajoute
M. Dubief ; nous ne voulons pas qu'on puisse dire, comme
on l'a déjà insinué, que nous poursuivons la destruction
de la loi du 21 mars 1884, en la débitant en tronçons
soigneusement séparés les uns des autres, en donnant à
chaque profession un statut syndical spécial ».

On ne saurait mieux dire, et pour bien marquer ses
préférences pour une législation générale applicable à tous
les Syndicats, la Commission du Travail conclut non seulement au rejet du projet de loi déposé par M. le ministre
de l'Agriculture, mais à l'adoption du contre-projet, présenté par MM. Millerand et Dubief. Ce contre-projet élar-
git la loi du 21 mars 1884 en étendant, pour les Syndicats, le droit de posséder, et la complète, en donnant aux
Unions de Syndicats les mêmes droits qu'aux Syndicats
eux-mêmes.

C'est là un progrès considérable ; maintes fois, dans
leurs Congrès, les Syndicats agricoles ont demandé que
la capacité de leurs Unions fût agrandie, et ils ne peuvent
que se féliciter de voir cette question portée devant la
Chambre.

Fortifiées par l'acquisition de la personnalité civile et

du droit d'avoir un patrimoine immobilier, les Unions
verront leur influence s'accroître et pourront plus efficacement aider les Syndicats à accomplir leur œuvre sociale. Elles deviendront un foyer intense d'action, qui
rayonnera et de plus en plus groupera autour de lui, pour
les vivifier, nombre de petits Syndicats qui végètent,
épars et isolés, dans nos campagnes.

Et ce ne sont pas seulement les Syndicats agricoles qui
bénéficieront de l'adoption du contre-projet Millerand-
Dubief ; ce sont tous les Syndicats professionnels, ouvriers et autres. Enserrés dans le cadre étroit de la loi
de 1884, qui leur mesure parcimonieusement la liberté
d'action et le droit de posséder, ils épuisent leur activité
dans des luttes stériles et trop souvent funestes, et sont
incapables d'atteindre le magnifique développement des
« Trade's Unions », qui possèdent des millions et des
millions, et, après une période d'agitations violentes, se
sont assagis et assurent aux travailleurs anglais le bien-
être dans le présent et la sécurité pour le lendemain.

Quand les Syndicats ouvriers auront acquis plus de
droits et une capacité de posséder plus grande, quand ils
pourront s'appuyer sur des Unions pourvues d'un riche
patrimoine, ils s'assagiront à leur tour et pourront aspirer
à jouer le rôle important et bienfaisant des grandes associations ouvrières anglaises et allemandes, et à devenir la
base d'une organisation solide et tutélaire du prolétariat,
ballotté aujourd'hui de l'oppression à l'anarchie.

***

Mais revenons aux Syndicats agricoles : ce n'est pas
seulement du côté du Parlement que leur arrive un rayon
d'espoir. Voilà que parmi ceux-là mêmes qui, dès les pre-

mières années de leur existence, les ont considérés comme
des adversaires et les ont combattus, parmi les commerçants, ils rencontrent des alliés inattendus contre le projet
de loi du ministre de l'Agriculture.

Et je rappelai à ce propos l'attitude prise par les
Chambres de Commerce et les Syndicats de commerçants, à laquelle j'ai fait allusion dans les pages
précédentes et je terminai l'article par ces lignes :

Certes, il serait téméraire de croire tout péril écarté ;
mais il est certain que les promoteurs du fameux projet
sur les Syndicats économiques agricoles, préparé avant
que l'arrêt de la Cour de cassation ait été rendu, n'ont
plus la même confiance ; ils sont préoccupés du mouvement du petit commerce contre ce projet, et leur mauvaise humeur se manifestait dernièrement par ces paroles
de l'un d'eux, prononcées dans une réunion agricole : « Le
commerce, oublieux du préjudice que les Syndicats lui
ont causé, se joint à eux pour faire de l'agitation ».
Tout cela, s'ajoutant à l'avis de la Commission du travail, est de bon augure, et si les Syndicats agricoles ne
peuvent pas encore chanter victoire, il leur est du moins
permis d'espérer le succès de leurs légitimes revendications.

Tout autant et plus encore que la défection des
petits commerçants, le dépôt du contre-projet Mille-
rand-Dubief jeta le désarroi parmi les adversaires
des Syndicats agricoles. On put le constater au silence qu'ils gardèrent désormais sur leur projet,
dont à un certain moment, ils avaient été si fiers.

L'un d'eux compara ce contre-projet à la pierre jetée dans la mare aux grenouilles, et un autre dit un jour à un de nos amis en parlant de l'intervention de M. Millerand : « Ah ça ! Combien l'avez-vous payé ? »

Celui-là mesurait sans doute M. Millerand à son aune. Les Loges avaient dû le payer, en effet, de beaucoup de promesses, de celle d'un portefeuille sans doute, pour s'acharner, comme il l'avait fait, contre les Syndicats agricoles.

L'avenir a justifié l'espoir que je faisais entrevoir au soir de la session. A la rentrée suivante, d'ailleurs, il ne tarda pas d'être fortement confirmé par la chute du ministère Clémenceau dans les premiers jours de la session nouvelle.

Le ministère entraîna le projet Ruau dans sa chûte et oncques depuis lors on n'en entendit parler.

CHAPITRE HUITIÈME

Les Conseils du travail et les Agriculteurs. Les dialectes locaux à la Chambre

---

§ I. — *Je demande une place pour les agriculteurs dans le conseil du Travail. — MM. Viviani, Ruau, Gaston Doumergue.*

Entre temps, j'avais eu l'occasion de placer encore quelques mots à la tribune à propos de la constitution du Conseil supérieur du travail. Le 11 novembre 1907, au moment où commençaient les procès contre les Syndicats agricoles, j'avais appris que le Conseil supérieur du travail devait s'occuper de la capacité commerciale des Syndicats professionnels. Je profitai de la discussion du budget du ministère du Travail pour demander au ministre, M. Viviani, s'il ne jugeait pas opportun de faire une place dans ce Conseil à des représentants des Associations agricoles.

La question qui doit être traitée, dis-je, intéresse particulièrement les Syndicats agricoles : l'avis qui sera donné par le Conseil aura sûrement une grande influence sur les propositions que le gouvernement fera à la Chambre, lorsque sera prochainement discuté le projet de loi relatif à la modification de la loi du 21 mars 1884, sur les Syndicats professionnels.

Il serait à souhaiter que des représentants des agriculteurs pussent participer aux travaux du Conseil supérieur.

Le ministre me répondit que la question serait étudiée.

Dans le courant de l'année suivante, la Chambre fut appelée à discuter une loi, adoptée par le Sénat, relative à l'institution de Conseils consultatifs du travail, 9 juillet 1908.

J'intervins d'un mot pour faire l'observation qui suit :

La proposition ne semble viser que les conseils consultatifs constitués dans l'intérêt des professions industrielles et commerciales. L'agriculture restera-t-elle en dehors de la loi ou pourra-t-elle en bénéficier ?

Le rapporteur m'ayant répondu affirmativement, je fis une courte réflexion, qui amena une intervention du ministre aussi intéressante que brève.

Il en sera aujourd'hui, dis-je, comme en 1884 pour les Syndicats agricoles. Il aura suffi que le mot agricole ait été prononcé, pour qu'on ait songé aux agriculteurs.

Je tiens à dire, répliqua le ministre, pour dissiper toute équivoque, qu'il y a dans notre esprit si peu de diffé-

rence entre les Syndicats agricoles et les autres que,
d'accord avec le ministre de l'Agriculture, nous allons
organiser, dans un très bref délai, la représentation des
Syndicats agricoles dans le Conseil supérieur du travail.

Je m'empressai de remercier le ministre de sa déclaration qui donnait satisfaction au vœu que j'avais
exprimé lors de la discussion de son budget.

∗∗

Avec le ministre de l'Agriculture, M. Ruau, le
ministre du Travail, M. Viviani, fut celui avec lequel
j'eus les plus fréquentes occasions de discuter à la
tribune, mais discussions brèves, rapides, bien différentes de celles que je dus soutenir contre Ruau
et ses lieutenants.

Viviani avait une belle parole, un peu monotone
et solennelle peut-être, mais chaude, colorée, harmonieuse. Il était doué d'une mémoire prodigieuse, qui
devait lui faciliter singulièrement ses belles phrases.

Un jour, dans une conversation de couloir, je lui
avais exposé longuement une affaire des plus com-
plexes et délicates. Notre conversation terminée, je
lui proposai de lui remettre une note qui résumerait
notre conversation.

— C'est inutile, me répondit-il, c'est là !

Et du doigt il m'indiquait son cerveau.

Le fait est que quelques jours après, je recevais de
lui une longue lettre dans laquelle il était répondu

point par point à toutes les questions que je lui avais posées.

Viviani n'était pas toujours aimable et paraissait souvent préoccupé et absorbé. Certain jour, sortant de la Chambre à la suite d'une séance, où je l'avais contredit un peu vivement, je l'entendis qui disait à son voisin :

— Je ne suis pas au ministère pour faire les quatre volontés de Gailhard-Bancel.

La dernière fois où je le vis, ce fut à une soirée donnée par le président du Sénat, Léon Bourgeois, en l'honneur des membres de la Société des Nations. J'y étais allé, contrairement à mes habitudes, dans l'espoir d'y pouvoir entrer en relation avec quelques-uns des membres de la Société, qu'on m'avait dit avoir des idées religieuses et sociales voisines des miennes. La première personne que j'aperçus en entrant fut Viviani, il était seul dans un petit salon, faisant les cent pas, agité, l'œil hagard. Nous échangeâmes une poignée de main, et quelque temps après, j'appris qu'il était malade et, que sa belle intelligence était en train de s'éteindre peu à peu.

Tout différent était Ruau, grand fort, la figure ouverte, bon enfant au fond, intelligent, mais, dit-on, aimant plus le plaisir que le travail. Il parlait simplement, facilement, et son parti, disait-on, avait jeté les yeux sur lui pour en faire le président de la République. Un beau jour, on ne le revit plus : qu'était-il devenu ? Je ne l'ai jamais su exactement. Il aurait eu, paraît-il, le même sort que Viviani.

Combien était différent aussi de Viviani et de

Ruau un autre ministre, appelé celui-là à de hautes destinées et qui devait les atteindre, puisqu'il est aujourd'hui président de la République, j'ai nommé . M. Gaston Doumergue. Comme orateur, il ne sortait pas de l'ordinaire, mais il prenait les choses toujours du bon côté ; c'était le bon garçon par excellence et, lorsqu'il était à la tribune, on avait beau le cribler d'interruptions, il ne se troublait pas et ne se fâchait pas, il gardait toujours le sourire .

Je n'ai eu à discuter avec lui sur un terrain voisin des questions agricoles qu'une seule fois, et je n'avais abordé ce terrain que pour un moment, afin de prolonger un discours que je tenais à faire long, très long, pour empêcher un débat sur l'enseignement d'aboutir avant la fin de la législature, ce à quoi, d'ailleurs, je réussis.

§ II. — *Les dialectes locaux à la Chambre. — Les élections législatives en 1910, je ne suis pas réélu. — Je rentre à la Chambre en 1912.*

On discutait à la Chambre la première loi relative à la défense laïque. Il avait été incidemment question des dialectes locaux. Un député radical, M. Guyesse, avait protesté contre l'interdit porté contre l'emploi de la langue bretonne dans les écoles par M. Doumergue, ministre de l'Instruction publique. Je m'empressai de suivre l'exemple de M. Guyesse et de plaider la cause de notre dialecte local.

Cette partie de mon discours est assez courte pour
que je la reproduise tout entière, en y ajoutant
les diverses observations que j'autorisai mes collègues à placer au cours de mes explications ; je les
aurais même laissées se multiplier, si le président
qui avait deviné ma tactique ne s'y était pas opposé,
comme on le verra. Ces observations me permettaient de ménager ma voix et d'arriver à occuper la
tribune pendant toute la séance sans une fatigue
excessive, et aussi de dire des dialectes locaux tout
le bien que j'en pensais. Voici la première partie de
ce discours :

M. de Gailhard-Bancel. — Messieurs, avant d'entrer
dans le vif du débat, je suivrai l'exemple qui m'a été
donné hier par l'honorable M. Guyesse, je demanderai à
M. le ministre de l'Instruction publique de faire pour la
langue provençale ce que M. Guyesse lui a demandé de
faire pour la langue bretonne.

M. Lemire. — Et moi je le demande pour le flamand.

M. de Gailhard-Bancel. — Vous viendrez le demander
après moi, mon cher collègue. Je prie M. le ministre de
l'Instruction publique de faire étudier par quel moyen
une place pourrait être faite dans l'enseignement primaire
aux différents parlers locaux. Très souvent nous enten-
dons des collègues de tous les partis se plaindre de la
désertion des campagnes, de l'exode vers les villes. Je ne
prétends pas que la remise en honneur des parlers locaux
empêchera complètement la désertion des campagnes,
non ! mais je crois très sincèrement que c'est un moyen
d'y remédier et je ne suis pas seul à penser ainsi, ni même
à dire que cet enseignement peut être facile à donner dans

les écoles primaires en même temps que celui de la langue française.

Il y a quelques années, un Frère des Ecoles chrétiennes, un de ceux que vous avez proscrits, faisait au Congrès des Sociétés savantes une communication très intéressante sur les parlers locaux et il indiquait justement à propos de la langue de votre pays, Monsieur le ministre de l'Instruction publique, à propos du provençal, comment on pouvait arriver à enseigner bien mieux le français aux petits enfants qui entendent chez eux, dans la famille, parler le provençal, en l'utilisant pour leur apprendre le français.

Le Congrès des Sociétés savantes décerna au Fr. Savinien une de ses plus belles récompenses.

J'ai assisté moi-même à une leçon donnée par le Fr. Savinien, dans une école primaire, et j'ai été émerveillé de la façon dont les enfants arrivaient à saisir facilement les difficultés mêmes de la langue française lorsqu'on les rapprochait de leur langue locale.

Vous vous rappelez que la terrible règle des participes nous a fait les uns et les autres pâlir sur nos livres dans notre enfance ; eh bien ! en rapprochant les participes provençaux des participes français, on arrivait à en faire comprendre très aisément aux enfants les principes extrêmement compliqués.

Je disais que les parlers locaux pouvaient être un des remèdes — je ne dis pas le seul ni même le plus puissant, je le reconnais — à la désertion des campagnes ; je ne suis pas le seul à être de cet avis et M. Guieysse aurait pu nous citer, hier, quelques vers du barde breton, de ce charmant Brizeux, enlevé trop jeune à la poésie. Brizeux disait dans quelques-uns de ses vers consacrés au parler breton des choses charmantes :

> Mères, tout en filant, apprenez à vos filles
> Les mots antiques du pays.
> Dans les champs, sur les flots, prudents, chefs de familles,
> A ce miel, nourrissez vos fils.
> La langue du pays, c'est la chaine éternelle
> Par qui, sans effort, tout se tient.
> Les choses de la vie, on les apprend par elle,
> Par elle encore on s'en souvient.

Et notre Mistral, Monsieur le ministre, si grand par ses magnifiques œuvres, si grand aussi — je dirais presque : surtout — parce qu'il a voulu demeurer fidèle à son pays natal ! Quelles belles choses il a dites, lui aussi, à ce sujet !

J'ose à peine vous lire quelques-uns de ses vers, car je lis trop mal le provençal ; mais, si je ne les lis pas bien, vous voudrez bien me reprendre, Monsieur le ministre.

M. Gaston Doumergue, ministre de l'Instruction publique et des Beaux-Arts. — Je le lis très bien.

M. de Gailhard-Bancel. — Je ne lis sans doute pas aussi bien que vous, Monsieur le ministre, car vous êtes du Midi... et demi et moi je suis à peine du Midi. (*On rit.*)

M. le ministre de l'Instruction publique et des Beaux-Arts. — Chez moi, nous vous regardons comme un homme du Nord !

M. de Gailhard-Bancel. — Permettez-moi donc de vous lire quelques vers de Mistral.

Si je les lis trop mal pour me faire comprendre, je les traduirai aussi fidèlement que je pourrai.

> *Dis Aups i Pireneù, é la man dins la man,*
> *Trouboire, aubouren doun lou viei parla rouman !*
> *Aco's lou signo de famiho,*
> *Aco's lou sacramen qu'i avi joun li fieù,*
> *L'ome à la terre ! Aco's lou fieu*
> *Que tèn lou nis dins la ramiho.*

Intrépide gardian de noste parla gènt,
Garden lou franc é pur é clar coume l'argent
Car tout un pople aqui s'abeuro ;
Car de moure bourdoun qu'un pople toumbe esclau
Si ten la lengo, ten la claü
Que di cadeno lou delieuro !

Des Alpes aux Pyrénées et la main dans la main,
Trouvères, invoquons donc le vieux parler roman,
Il est le symbole de la famille.
Il est le sacrement qui aux aïeux relie les fils,
L'homme à la terre ! C'est le fil
Qui tient le nid dans la ramée,

Intrépides gardiens de notre parler gracieux,
Gardons-le franc et pur et clair comme l'argent,
Car là, tout un peuple s'abreuve.
Car qu'un peuple terrassé tombe en esclavage,
S'il tient la langue il tient la clef
Qui des chaînes le délivre.

La Chambre excusera cette digression, mais M. Guieysse m'avait donné l'exemple.

M. Lemire. — Ce n'est pas une digression.

M. Louis Marin. — Voulez-vous me permettre une observation, Monsieur de Gailhard-Bancel ?

M. le Gailhard-Bancel. — Volontiers.

M. Louis Marin. — Ce n'est pas une digression.

Le dernier projet de loi déposé par M. Doumergue contient l'interdiction absolue d'enseigner à l'aide d'une autre langue que le français.

C'est là une erreur pédagogique incroyable à notre époque. Tous les instituteurs qui ont à instruire des enfants dans les régions où les dialectes locaux servent encore, surtout dans la vie quotidienne des familles, tous sont unanimes à déclarer, à écrire dans les revues depuis vingt ans — M. le président de la Commission de l'enseignement ne me démentira pas, car nous en avons parlé souvent — que, si l'enseignement général et, en particulier, celui même du français est très en retard dans certaines provinces, si, hier, un député de Bretagne pouvait dire, par exemple, que des milliers d'enfants bretons ne parlent pas encore parfaitement français, c'est certainement en grande partie à cause de l'interdiction faite maladroitement aux instituteurs de se servir du dialecte du pays pour leur apprendre le français.

Quand les enfants qui ne connaissent encore qu'un dialecte local viennent pour la première fois dans une école, si l'instituteur ne peut leur parler absolument que français, alors qu'ils n'en comprennent pas un mot, non seulement, dans ce cas, leur instruction générale se fait en dépit du bon sens, mais ils n'apprennent même qu'avec peu d'entrain, avec une peine infinie et avec infiniment de lenteurs la langue française elle-même, qu'il serait cependant si important pour ces enfants et pour la nation qu'ils sachent bien ; et beaucoup sortent de l'école à douze ans, sans pouvoir se servir assez couramment du français.

On voit même, lorsque ces jeunes gens arrivent au conseil de revision, on voit des cas où on est obligé d'avoir recours à des interprètes pour se faire comprendre d'eux. J'en appelle à l'autorité de M. le président de la Chambre qui, je le sais, a été témoin du fait, récemment encore.

Je le répète, c'est une hérésie pédagogique insensée que d'interdire aux instituteurs primaires de se servir, s'il le faut, de la langue dialectale pour faire apprendre plus facilement le français. (*Applaudissements à droite et sur divers bancs du centre.*)

M. Mathis. — Il y a des faits qui sont absolument contre la théorie de notre collègue M. Marin.

M. le président. — Puisque M. Marin a bien voulu invoquer mon autorité, il me permettra de lui répondre que peut-être aussi cette ignorance provient de ce que ces conscrits n'ont pas fréquenté les écoles laïques. (*Applaudissements à gauche. — Exclamations à droite.*)

M. de Gailhard-Bancel. — C'est moi qui répondrai à M. le président. Je lui rappellerai que, lorsque les élèves des écoles laïques et des écoles congréganistes se sont rencontrés dans les concours, ce sont les élèves des écoles congréganistes qui ont été classés les premiers. Voilà ma réponse. (*Applaudissements à droite.*)

M. Louis Marin. — Je profite de l'autorisation de M. de Gailhard-Bancel pour répondre aussi à M. le président de la Chambre qu'il s'agit en ce moment de l'école publique laïque elle-même, mais que, de plus, quand le projet de M. Doumergue sur les écoles privées viendra en discussion, j'ai l'intention, à propos du texte qui impose l'obligation d'enseigner exclusivement en français, de demander à la Chambre la suppression du mot « exclusivement », et qu'alors je ne m'appuierai certainement que sur les témoignages des techniciens, des savants, des professeurs, des instituteurs les plus laïques, les plus anticléricaux ; ces témoignages favorables à l'enseignement par les dialectes se comptent par centaines...

M. Lasies. — Tous les instituteurs.

M. Louis Marin. — Je ne prendrai que des citations de recteurs, d'inspecteurs, d'instituteurs publics.

Tout à l'heure, M. Mathis, je devinais son allusion...

M. Mathis. — Permettez ! Je n'ai pas pu parler. Avant de parler d'une chose que je n'ai pas dite, il faut d'abord savoir ce que j'ai voulu dire. Laissez-moi au moins m'expliquer. (*Exclamations à droite.*)

Messieurs, je suis trop respectueux de votre droit de parole pour que vous ne me laissiez pas m'exprimer à mon tour en toute liberté. (*Parlez ! parlez !*)

A propos de dialectes locaux, je voulais dire qu'une des fautes de l'Empire avait été, avant la guerre, de tolérer l'enseignement exclusif en dialecte alsacien dans nos écoles d'Alsace.

M. Lemire. — Les Alsaciens étaient tout de même Français de cœur ; ce n'est pas la langue qui fait la patrie.

M. de Gailhard-Bancel. — Et ils étaient bons Français.

M. Mathis. — Ce n'est pas moi qui prétendrai qu'ils n'étaient pas de bons Français ; et je les aime autant que vous pouvez les aimer, car je suis presque des leurs et j'ai chez eux des attaches de famille qui me sont chères. Mais je vous dis qu'on enseignait exclusivement en alsacien dans les écoles d'Alsace. On permit ainsi à nos adversaires de prétendre qu'ils parlaient en quelque sorte le même langage. (*Applaudissements à gauche.*)

M. Louis Marin. — Je ne m'étais pas trompé sur le sens des mots que j'avais entendus : il s'agissait bien de l'Alsace-Lorraine.

Or, je suis sûr d'être d'accord avec tous les Alsaciens et tous les historiens sans exception en disant ici très hautement que, si les Alsaciens ont aimé et aiment ardemment la France, ce n'est pas seulement parce que c'est leur vraie patrie ; ce n'est pas seulement parce que c'était chose naturelle pour eux comme pour les enfants de toutes les autres provinces de France ; et ils n'avaient pas et ils n'ont pas besoin de raisons supplémentaires pour ressentir comme tous les Français et garder fidèlement cette

affection inébranlable ; mais c'est encore — et ils le répè-
tent sans cesse — parce que tous les régimes qui se sont
succédé en France, aussi bien l'ancien régime que la
Convention, aussi bien Napoléon Ier que Louis XVIII,
ont respecté libéralement l'enseignement dans toutes les
écoles par le dialecte alsacien.

Je prétends avec cet exemple que la politique de pros-
cription que veut faire M. le ministre de l'Instruction publique dans les écoles primaires à propos des dialectes,
c'est peut-être la politique de la tradition radicale, ce
n'est certainement pas celle de la tradition française. (*Vifs
applaudissements au centre et à droite.*)

M. Mathis. — Contrairement à ce que vient de dire
notre collègue M. Marin, j'estime en bon Français, qu'un
Français doit d'abord savoir parler français. (*Applaudissements à gauche et à l'extrême gauche.*)

M. Louis Marin. — C'est un devoir certainement que
tous seraient bien heureux de remplir en toute liberté, et
c'est précisément pour les y aider que nous voulons utiliser tous les bons moyens.

Messieurs, les questions où apparaît comme exemple
l'Alsace-Lorraine sont des questions beaucoup trop délicates et qui nous tiennent trop douloureusement à cœur
pour que, chaque fois que ce nom est prononcé ici, nous
puissions permettre de croire que nous avons laissé échapper un seul mot qui puisse avoir besoin d'être interprété,
même en apparence.

J'ai parlé, pour ma part, très clairement : le libéralisme scolaire de la France a été, en Alsace comme partout, la meilleure et la plus noble des politiques, et
j'ajoute tout de suite à ce sujet : un autre gouvernement
a essayé d'employer vis-à-vis des Alsaciens, comme vis-
à-vis des Polonais et des Danois, des mesures draconien-

nes analogues à celles que M. le ministre de l'Instruction publique propose aujourd'hui. Le résultat certain, qu'affirment avec force tous ceux qui connaissent un peu la question d'Alsace-Lorraine, même les linguistes et les savants allemands, c'est que jamais — jamais, entendez bien, Messieurs — jamais la langue française n'a fait tant de progrès, aussi rapides et aussi raffinés, en Alsace-Lorraine, que depuis ces mesures violentes, et elle les a faits non seulement dans la société bourgeoise, mais surtout dans le peuple tout entier d'Alsace ! (*Applaudissements au centre et à droite.*)

M. Bouffandeau. — Je voudrais faire une observation. (*Exclamations à droite.*) Je ne veux dire qu'un mot.

C'est une question de pédagogie, il ne faudrait pourtant pas y mêler la politique.

M. le président. — Vous n'avez pas la parole, Monsieur Bouffandeau.

M. Bouffandeau. — Je n'avais qu'un mot à dire et je n'aurais pas irrité les passions.

M. le président. — Je ne laisserai plus parler personne en dehors de l'orateur.

M. de Gailhard-Bancel. — M. le président étant beaucoup moins libéral que moi, je me vois contraint à reprendre la parole.

M. le président. — Ce n'est pas manquer de libéralisme, mais vous comprenez bien ce que deviendraient nos débats si, au milieu de chaque discours, tout le monde avait le droit de se lever et d'interrompre. (*Très bien ! très bien !*).

M. Bouffandeau. — On parle d'une question d'écoles,

je connais assez ces questions pour avoir le droit de dire un mot.

M. de Gailhard-Bancel. — J'allais précisément, en réponse à l'interruption de l'honorable M. Malhis, rappeler ce que vient de dire M. Marin, que, pendant longtemps, on a interdit la langue française en Alsace-Lorraine, et que, malgré les défenses allemandes, la langues française a fait en Alsace de magnifiques progrès.

Je terminerai mes observations sur cette question en rapportant une petite aventure survenue à trois de mes compatriotes, il y a un peu plus de cinquante ans.

C'était au moment de la guerre de Crimée : deux zouaves se promenant dans les rues de Constantinople aperçurent un pacha, qui était affligé d'un embonpoint formidable et qui était promené en chaise à porteurs sur les robustes épaules de quatre vigoureux Turcs ; en le voyant passer, l'un des zouaves s'arrêta et s'exclama dans le parler de son pays : *O ! qunto bolho !* Vous avez compris : « Quelle balle ! » (*Sourires*). Sur un mot du pacha, les porteurs s'arrêtent ; le pacha descend péniblement de sa chaise, se campe devant les deux zouaves et répond à celui qui avait poussé l'exclamation : « *Qu'a cô te fai, ci pas ti que la pouartei !* Qu'est-ce que cela te fait ! ce n'est pas toi qui la portes ! » (*On rit.*) Vous jugerez de l'ahurissement des zouaves en s'entendant interpeller dans leur patois par un pacha turc. On s'expliqua, et il se trouva que ce pacha était un médecin du sultan et qu'il était originaire du pays même de ces zouaves. Ce pacha entendit comme un appel du pays dans cet écho de la langue maternelle, et il suivait, quelques jours après, les zouaves qui revenaient en France. (*Applaudissements à droite.*)

S'il existe des livres faits par des laïcs, contenant les bonnes méthodes pour utiliser les parlers locaux, je de-

mande à M. le ministre de les employer. En tous cas, je
lui en signale un. Celui du Fr. Savinien qui, encore une
fois, a été couronné par un Congrès des Sociétés savantes. Je crois que, s'il le mettait entre les mains de beaucoup d'enfants de nos écoles dans nos régions, ces enfants
apprendraient beaucoup mieux la langue française, et
parleraient beaucoup mieux. ,(*Très bien ! très bien ! à
droite.*)

M. *Lemire.* — C'est absolument vrai. C'est démontré
dans notre pays pour le flamand. L'expérience est aussi
concluante que dans votre région.

Cette partie de mon discours me valut un mot très
aimable de Mistral, qui me remercia d'avoir défendu
à la tribune, les dialectes locaux et, en particulier, le
provençal.

Ce discours fut le dernier que je prononçai pendant
cette législature sur une question qui intéressait les
agriculteurs. La Chambre était presque à la veille de
l'expiration de ses pouvoirs et de nouvelles élections
étaient proches.

Elles eurent lieu le 24 avril 1910. Je ne fus pas
réélu. Cet échec me procura un repos de près de
deux ans, qui me fit le plus grand bien. Je croyais
bien avoir dit un adieu définitif à la politique et
n'avais eu aucune peine à en prendre mon parti.
J'étais enchanté de reprendre ma vie d'autrefois.

Mais « l'homme propose et Dieu dispose ». Mon
concurrent heureux, un homme de valeur, distingué,
plus jeune que moi de trois ans, et à qui j'aurais
volontiers cédé la place, s'il n'avait pas été un anti-

clérical irréductible, succomba inopinément à une grippe infectieuse.

Il fallut de nouvelles élections pour le remplacer, et je dus accepter la candidature que mes amis de l'Ardèche m'offrirent avec une unanimité qui me toucha.

Je fus réélu, et il me fut ainsi donné de défendre encore à la Chambre les causes qui m'étaient chères.

CHAPITRE NEUVIÈME

Les Caisses de réassurance et de crédit.
L'Enseignement agricole

---

§ I. — *La réassurance par la Mutualité. — Le Gouvernement se rallie à cette forme de la réassurance. — Je combats les crédits pour les caisses
de réassurance et l'inspection des Mutualités
agricoles.*

La discussion du budget de 1913 m'offrit sans tarder l'occasion de reprendre la défense des Syndicats
et de leurs œuvres. Le rapporteur du budget de
l'agriculture avait, dans son rapport, adressé diverses critiques à la Caisse de réassurance centrale contre l'incendie, fondée par l'Union centrale des Syndicats agricoles, rue d'Athènes. On se rappelle que
cette Caisse centrale était, jusqu'alors, la seule qui
ait été établie et que, à son sujet déjà, en 1909,

j'avais eu à protester contre le reproche qu'on lui adressait. Je renouvelai ma protestation et j'ajoutai :

Si actuellement elle a un monopole, de fait, c'est qu'il n'a encore plu à personne de l'imiter. Elle est et a toujours été ouverte à tous, à tous ceux du moins qui présentent les garanties financières qu'elle exige de ses adhérents [1].

Le rapporteur avait demandé ensuite au gouvernement où en était le projet de Caisse centrale de réassurance, projet déjà ancien et qui n'était pas encore réalisé.

Le gouvernement lui avait répondu que cette réalisation était ajournée et qu'il n'en était plus question pour le moment.

On a estimé, en effet, était-il dit dans cette réponse, qu'il y avait lieu de rechercher la possibilité de constituer l'organisme de réassurance du troisième degré sur la même base que ses filiales, c'est-à-dire sur le principe de la liberté contrôlée et subdivisée.

J'approuvai le gouvernement d'entrevoir l'organisation de la réassurance sous le régime de la mutualité, mais je m'élevai vivement contre les subventions accordées aux Caisses de réassurance.

J'affirmai et prouvai par les faits que les risques de la réassurance étaient si limités, qu'il était abso-

---

1. Séance du 14 novembre 1912.

lument inutile de subventionner les Caisses qui l'organiseraient. Et je citai comme preuve la Caisse de réassurance centrale, qui avait été constituée grâce à un emprunt de 3.000 francs très rapidement remboursé et grâce à un capital de garantie de 60.000 francs, souscrit par ses fondateurs, auquel on n'avait pas eu besoin de recourir, et qui avait été bien vite annulé.

Je donnai ensuite le bilan de cette Caisse de réassurance à la fin de l'exercice de 1911, année particulièrement mauvaise pour les sociétés d'assurance : ce bilan se soldait par un bénéfice de 40.000 francs réalisé sur 80.000 francs de primes pour les risques assurés. 3.000 francs avaient été consacrés au remboursement de l'emprunt, 10.000 versés à la réserve ; 27.000 ristournés aux Caisses régionales réassurées.

Le même rapport sur le budget de l'agriculture avait annoncé la fondation d'une nouvelle Caisse centrale de réassurance mutuelle par la Fédération des Syndicats agricoles de France et proposait pour elle une subvention de 2.800.000 francs. Je protestai énergiquement contre cette subvention, dont je venais de démontrer l'inutilité complète et signalai pour ces 2.800.000 francs divers emplois infiniment plus utiles que celui qui était proposé en faveur de la Caisse de réassurance de la Fédération.

*
* *

Au cours de la discussion du budget de 1914, ce

furent encore des questions relatives aux mutualités agricoles qui m'amenèrent à la tribune.

Le gouvernement avait demandé un crédit de 57.750 francs pour l'inspection des Caisses de crédit des Sociétés d'assurances mutuelles agricoles. La Chambre avait réduit le crédit à 40.000 francs et supprimé dans le libellé du chapitre les mots *Sociétés d'assurances agricoles*.

Le Sénat avait rétabli le crédit de 57.750 francs et le libellé primitif du chapitre.

La Commission du budget, lorsque le budget revint du Sénat, demanda à la Chambre de ne pas accepter la modification faite par le Sénat et de maintenir son premier vote.

Le gouvernement s'y opposa et une discussion très vive s'engagea à ce propos (séance du 13 juillet 1913); j'intervins dans le débat pour demander à la Chambre de demeurer fidèle à son premier vote et de ne pas soumettre les Sociétés d'assurances mutuelles agricoles à un contrôle, qui s'ajoutait à celui des inspecteurs des finances.

Prétendez-vous, dis-je au ministre, que toute subvention de l'Etat donne droit à l'inspection ? (*Oui ! Oui ! à gauche*). Alors, il faut inspecter toutes les Sociétés de sport, de musique, de Secours mutuels, toutes les Sociétés imaginables, et Dieu sait si elles sont nombreuses, auxquelles vous donnez des subventions. Il faut derrière chaque Société placer un inspecteur ! Vous en arrivez à méconnaître le principe même de la liberté syndicale, de la liberté de toutes les institutions et mutualités agricoles.

Malgré la bonne fortune que j'eus d'être appuyé par un certain nombre de collègues socialistes, par MM. Emile Dumas et Compère-Morel notamment, qui intervinrent vigoureusement dans le débat, je n'eus pas gain de cause. A une majorité de 80 voix la Chambre n'eut pas le courage de maintenir sa première décision et vota comme le lui demandait le ministre.

La gauche était très excitée ; je vois encore M. Bouffandeau et autres francs-maçons notoires qui s'agitaient et soutenaient avec acharnement le ministre. J'entendis même des interruptions dans le genre de celle-ci : « Les Caisses de vos mutuelles sont des Caisses noires électorales ». Je ne les retrouverai pas à l'*Officiel*.

J'avoue que l'idée ne m'était jamais venue, et pas plus à mes amis qu'à moi, de puiser dans la Caisse de nos mutuelles pour faire les élections.

Par contre, je crois qu'elle était bien fondée, la réflexion que fit mon collègue, M. Boudoint, député de la Loire, et qui, celle-là, figure à l'*Officiel*, au cours d'une discussion sur des subventions parfaitement inutiles, accordées à des Caisses de réassurances-incendies : « C'est la réassurance électorale », s'écria Boudoint.

Je venais en effet de démontrer de nouveau par des chiffres, comme je l'avais fait déjà une première fois précédemment, que la création de Caisses de réassurances pouvait être faite à très peu de frais et que dès lors il était complètement inutile de les subventionner.

L'interruption de M. Boudoint était d'autant plus opportune qu'on était presque à la veille des élections.

§ II. — *Le Gouvernement tente de restreindre le ressort des Caisses régionales de crédit.* — *Je m'oppose à cette tentative.*

Quelques mois après, j'eus à intervenir encore au cours de la discussion du budget de l'agriculture en faveur de certaines Caisses locales de crédit récemment fondées, auxquelles on refusait de participer aux subventions provenant des sommes versées par la Banque de France, pour le Crédit agricole [1].

On prétendait, par le refus de subventions, les empêcher de s'affilier aux Caisses régionales de leurs Unions et les obliger à se rattacher à d'autres Caisses régionales plus rapprochées d'elles et fondées par des professeurs d'agriculture.

C'était un moyen habile d'attirer à des Caisses officielles départementales et même d'arrondissement, que les agents du ministère de l'Agriculture multipliaient et baptisaient du nom de Caisses régionales, les Caisses locales que fondaient nos Syndicats.

Je soutins que le département, et encore moins l'arrondissement, ne constituaient pas des régions ; et que c'était aller contre la volonté du législateur

---

1. Séance du 18 février 1924.

que de rétrécir de la sorte le champ d'action des Caisses vraiment régionales, c'est-à-dire s'étendant à tous les départements d'une région.

Le ministre me répondit que ces refus de subventions étaient le fait de la Commission de répartition des fonds provenant des avances de la Banque de France destinés à favoriser le Crédit mutuel agricole.

A quoi je répliquai que la Commission n'avait pas le droit de modifier la loi de sa propre autorité et devait la respecter. Que si elle estimait nécessaire d'y apporter des modifications, elle n'avait qu'à les faire proposer à la Chambre, qui seule pouvait faire ou modifier les lois.

La question en resta là, mais en fait les Caisses locales nouvellement fondées purent s'affilier aux Caisses de leur choix, sans aucune délimitation des régions.

§ III. — *Rapport de M. Plissonnier sur l'enseignement agricole. — Discussion de ce rapport. — Les écoles ménagères.*

Dans les derniers mois de la législature 1910-1914, la Chambre eut à discuter un projet de loi qui ne pouvait manquer d'intéresser les agriculteurs puisqu'il était destiné à organiser l'enseignement professionnel agricole.

Son rapporteur, M. Plissonnier, député de l'Isère, était au comble de ses vœux d'avoir à le présenter à la Chambre et de l'y soutenir. L'enseignement agricole était sa marotte. Depuis des années et des années il ne manquait jamais de faire un discours en sa faveur dans la discussion du budget de l'agriculture. Ses discours forcément se ressemblaient beaucoup : ils consistaient ordinairement en lamentations sur l'abandon dans lequel on le laissait, dans les écoles rurales, et il demandait avec les instances les plus vives que le gouvernement lui fît une place honorable, et imposât à ses instituteurs l'obligation de ne pas le négliger.

Je n'ai pas son rapport sous les yeux au moment où j'écris, mais, autant qu'il m'en souvienne, c'était un énorme in-folio où l'enseignement agricole sous toutes ses formes était passé en revue...

Il y avait cependant une lacune d'importance dans ce volumineux rapport. Il était muet sur ce que l'initiative privée avait réalisé pour vulgariser l'enseignement agricole. Il importait de combler cette lacune et je m'y employai.

Je citai la fondation par M. Gossin et les Frères des Ecoles chrétiennes, il y a quelque soixante ou soixante-dix ans, de l'Institut agricole de Beauvais, d'où sont sortis un si grand nombre de vaillants et distingués agriculteurs ; la vigoureuse impulsion donnée, dans leurs nombreuses écoles de Bretagne, par les Frères de Ploërmel, sous la direction du Fr. Abel, à l'enseignement théorique et pratique de la culture ; je signalai l'école de Sandar à Limonest, dans les environs de Lyon, et l'école Serdieu à Laurac (Ardèche), établies l'une et l'autre grâce aux Frères des Ecoles chrétiennes et aux Frères Maristes.

Je rappelai enfin tout ce qu'avaient fait dès leur début les Syndicats agricoles. Leur premier effort n'avait-il pas porté sur l'emploi des engrais chimiques, des nouvelles méthodes de culture, des instruments perfectionnés ? Et pour le faire aboutir, leurs fondateurs n'avaient-ils pas dû s'improviser professeurs d'agriculture, multiplier les conférences, créer des champs d'expérience pour initier les cultivateurs à tous ces progrès ? Certes, tout cela, n'était-ce pas de l'enseignement essentiellement agricole ? Et le rapport ne portait pas trace de cet immense effort !

Ce n'est pas tout, dis-je encore, une fois organisés, les Syndicats ont voulu que les enfants des familles rurales fussent initiés dès l'école aux travaux des champs et ils ont demandé aux instituteurs de faire une place dans leur enseignement aux questions agricoles ; ils les ont invités à envoyer leurs élèves devant des Commissions d'examen qu'ils avaient constituées, ils ont donné des certificats, des diplômes, récompensé les élèves les plus méritants, et ils ont eu soin de faire appel à tous les instituteurs, à tous les élèves, à ceux de l'école publique aussi bien qu'à ceux des écoles libres. Ce n'est pas leur faute si les instituteurs publics, sur l'ordre de leurs inspecteurs, ont dû renoncer, parfois à contre-cœur, à envoyer leurs élèves devant les Commissions d'examen syndicales.

Les Syndicats agricoles ne se sont ni émus de cette abstention, ni découragés, ils ont continué leur œuvre d'enseignement.

Certains Syndicats l'ont même étendue à l'enseignement post-scolaire. C'est ainsi que dans une petite commune des environs de Crest, un jeune paysan, qui avait pris une part active à la propagande syndicale, imagina de réunir les jeunes gens de quatorze à vingt ans et de leur faire un cours d'agriculture pendant les soirées d'hiver.

Aussi bon musicien que bon agriculteur, pour délasser ses élèves après deux heures de cours, il n'avait trouvé rien de mieux que de leur donner quelques leçons de solfège et de les faire chanter. C'était, paraît-il, empiéter sur les droits de l'école publique et il fut menacé de poursuite correctionnelle.

Voilà comment le gouvernement d'alors encourageait l'enseignement agricole !

Vers la même époque, l'Union du Sud-Est eut la pensée d'organiser l'enseignement post-scolaire par correspondance. J'exposai à la Chambre comment l'Union avait établi et développé ce genre d'enseignement, l'accueil qu'il avait rencontré dans beaucoup de Syndicats et les progrès considérables qu'il avait bien vite obtenus.

Si, dans son rapport, M. Plissonnier avait passé sous silence tout ce qu'avaient fait les Syndicats pour l'enseignement agricole, il n'avait pas manqué de faire une large part à l'enseignement ménager, qui, à ce moment-là, commençait à se développer, et de faire allusion cette fois aux écoles ménagères dues à l'initiative privée. Mais ce fut pour critiquer ces écoles, qu'il en parla, et il ne trouva rien de mieux que de faire écho à un reproche qui leur avait été adressé par M. Fernand David. L'ancien ministre de l'agriculture avait constaté le développement considérable que les Syndicats agricoles avaient donné à l'enseignement ménager et leur avait reproché de s'être placés pour l'organiser sur le terrain politique.

Je protestai énergiquement contre cette accusation que rien ne justifiait. J'affirmai que nous n'avions jamais songé à introduire la politique dans les écoles ménagères, et que nous n'avions obéi, en les organisant, qu'à un sentiment chrétien, social et patriotique.

M. Fernand David avait ajouté que « l'Etat ne pouvait pas abandonner l'enseignement ménager à ses adversaires ».

Que l'Etat prenne sa part dans l'enseignement ménager, dis-je en terminant, c'est très bien, il y a place pour tous. Nous voudrions que tous s'associassent à cet effort dans le but unique de faire progresser et prospérer l'agriculture, de rendre notre terre de Fance plus facile à travailler, plus féconde et plus riche, de faire par nos communs efforts qu'elle redevienne la terre que nos pères appelaient *la doulce France !*

Mes amis de l'Union du Sud-Est voulurent bien me dire qu'ils avaient été satisfaits de mon discours :

Je vous félicite, m'écrivit M. Voron, vice-président et administrateur-délégué de l'Union, de vos belles revendications en faveur de l'enseignement agricole libre. Je demande au directeur de notre Bulletin de faire de votre discours la plus longue citation possible.

La Caisse régionale a appelé aussi votre intervention ; vous êtes vraiment le député agricole.

Si tous vos électeurs le sentaient aussi bien que moi, vous auriez l'unanimité que je vous souhaite bien cordialement.

Le souhait de mon ami Voron ne tarda pas de se réaliser. Si je n'obtins pas l'unanimité, je fus du moins réélu quelques semaines après aux élections de 1914, qui précédèrent de bien peu la grande guerre.

CHAPITRE DIXIÈME

La législature de la guerre (1914-1918)

§ I. — Rôle des Syndicats agricoles pendant la guerre. — Les questions agricoles à la Chambre. — Discussion de la loi sur les accidents dans l'agriculture. — Mon intervention.

Pendant la guerre, les Syndicats agricoles et les Sociétés d'agriculture jouèrent un rôle important, tant dans la zône des armées qu'à l'arrière. A maintes reprises, le gouvernement leur demanda leur concours pour la répartition des engrais, des semences, du charbon, etc., et ils le lui prêtèrent avec empressement ; c'est dire que pendant ces tristes années, ils ne furent l'objet d'aucune vexation.

Bien des questions intéressant les agriculteurs furent discutées à la Chambre au cours de cette douloureuse période, notamment au point de vue des allocations aux femmes des mobilisés, de la culture

des terres abandonnées, des réquisitions, de la livrai-
son du charbon pour le battage des blés, etc. J'intervins fréquemment dans ces discussions, mais il
me semble peu intéressant d'en parler ici.

Je me contenterai de dire un mot de la discussion
d'un projet de loi relatif à l'extension à l'agriculture
de la loi de 1898 sur les accidents du travail, qui
vint à l'ordre du jour de la Chambre presque au début de la guerre, le 12 mars 1915.

Le président de la Commission, M. J. Breton, demanda d'abord l'ajournement de la discussion. Il
finit par se rallier à la discussion immédiate, après
un débat où il s'était entendu reprocher par ses amis
socialistes, sa capitulation. Le gouvernement déclara
s'en rapporter à la Chambre sur la question de
l'ajournement, qui, à ce moment-là pourtant, semblait s'imposer. Il fut repoussé, néanmoins, et la
discussion sur le projet de loi s'engagea.

Je pris la parole dans la discussion générale, et
insistai sur le renvoi du projet à la Commission. Non
pas que je fusse opposé à l'assurance contre les accidents du travail agricole ; depuis plus de vingt ans
je l'avais organisée dans les Syndicats d'Allex et des
cantons de Crest. Mais je ne croyais pas qu'il fût
possible à cette heure d'imposer une charge si lourde
aux petits propriétaires, fermiers et métayers, ni
qu'une loi si importante et délicate pût être utilement discutée à cette heure.

Il y avait, d'ailleurs, des divergences profondes sur
l'organisation de l'assurance des accidents agricoles ; les Syndicats à maintes reprises avaient déclaré

qu'ils ne voulaient pas l'extension à l'agriculture de la loi de 1898 sur les accidents, telle qu'elle était appliquée aux ouvriers de l'industrie. Ils réclamaient une législation spéciale, basée sur la mutualité.

Mais pour organiser les mutualités agricoles, il était indispensable de prendre l'avis des Syndicats agricoles ; or, leurs présidents, leurs secrétaires étaient pour la plupart au front.

— Irez-vous, dis-je, les consulter sur le front ?

Cette question souleva à gauche des protestations violentes. Mes collègues crurent que je leur reprochais de n'être pas au front et les invitais à y aller.

Je n'y avais pas songé, cependant ; j'étais seulement demeuré fidèle à l'opinion que j'avais maintes fois émise, qu'il importait de consulter les Syndicats professionnels sur les projets de loi relatifs à leur profession ; j'affirmai que les agriculteurs ne voulaient pas d'une loi faite pour l'industrie et réclamaient pour eux une législation spéciale qui devrait avoir pour base la mutualité.

Je conviai donc la Commission à étudier la question des mutuelles agricoles accidents et à préciser leur rôle dans l'organisation et le fonctionnement de l'assurance.

— Ce faisant, dis-je, elle fera œuvre utile, et le moment venu, elle pourra nous apporter un projet qui donnera satisfaction à tous les intéressés.

Je fus applaudi, mais la Chambre n'en passa pas moins à la discussion des articles.

Qu'advint-il de la loi votée alors ? J'avoue ne pas m'en souvenir. Ce que je sais, et ce que savent tous les agriculteurs, c'est que, grâce aux Syndicats, l'assurance contre les accidents s'est généralisée dans l'agriculture, qu'aujourd'hui les Caisses mutuelles accidents se sont multipliées, qu'un très grand nombre de travailleurs agricoles sont assurés à leurs mutuelles locales, que réassurent des mutuelles régionales et centrales, et que bien rares sont parmi eux ceux qui ne sont pas garantis contre les accidents du travail.

§ II. — *Enquête sur la situation des cultures dans la zône des armées. — La Commission de l'agriculture nomme une commission pour y procéder. — J'en fais partie. — Tournée de la Commission.*

L'année d'après, en 1916, la Commission de l'agriculture de la Chambre chargea quelques-uns de ses membres de faire une enquête sur la situation agricole dans la zone des armées.

Je fis partie de la délégation, et, dans le courant de mars, nous nous mîmes en route, mes collègues et moi, et commençâmes notre tournée par Nancy. Nous y fûmes très aimablement accueillis par notre collègue M. Mirman, alors préfet de Meurthe-et-Moselle.

Il avait convoqué les présidents des Comices, Sociétés et Syndicats agricoles, quelques agriculteurs notables, et une conversation des plus utiles s'engagea entre nous sur les desiderata, les besoins d'engrais et de semences, les possibilités de culture dans les territoires occupés par les armées.

Des réunions analogues eurent lieu à Lunéville, Epinal, Remiremont, etc. Mais pour rappeler mes souvenirs et impressions de cette tournée, je ne peux mieux faire que de reproduire la lettre que j'adressai au *Courrier de Tournon* pour en faire connaître les résultats aux agriculteurs de ma circonscription :

Paris, ce 4 avril 1916.

Mon cher directeur,

Je viens de faire une très intéressante tournée dans la zone des armées, avec une délégation de la Commission d'agriculture et du Groupe de la défense paysanne de la Chambre, que présidait, avec autant de compétence que de distinction, M. Brailbant, député des Ardennes.

Mes collègues et moi, nous en avons rapporté les impressions les plus réconfortantes. Nous avons constaté que partout, et parfois à quelques kilomètres du front, les terres sont aussi bien cultivées que dans la zone de l'intérieur. Dans certaines régions, il n'y en a pas plus du quart resté inculte ; et Dieu sait si les difficultés ont été, là, plus grandes qu'ailleurs ; difficultés provenant de retards imposés par les nécessités de la guerre, du manque de main-d'œuvre, etc.

Elles n'ont pas découragé nos vaillants compatriotes des pays frontières. Leurs maisons ne sont plus, en certains points, qu'un monceau de ruines ; les villages sont dévastés : c'est la désolation, la mort, semble-t-il ; mais aux abords des villages, des maisonnettes en briques et en planches ont été construites ; dans les maisons les moins éprouvées, les murs ont été consolidés, les toitures refaites ; les braves gens qui avaient dû fuir devant l'invasion, aujourd'hui refoulée, sont revenus et, courageusement, se sont mis au travail, presque sous le feu de l'ennemi.

Un cultivateur disait au préfet des Vosges : « Ces jours derniers, pendant que je labourais, les Boches m'ont repéré et les obus ont commencé à tomber ; les premiers assez loin, mais, peu à peu, ils se sont rapprochés et j'ai dû arrêter ma besogne. Les brigands ! ils auraient bien pu me tuer un bœuf ! » Il est donc parti, mais il est revenu et a fini de labourer et ensemencer son champ. Espérons que la récolte en sera plus facile.

Quelles leçons pour nos populations de l'intérieur ! Certes, elles souffrent, elles aussi ! Les maris, les pères, les enfants sont au front. Hélas ! beaucoup n'en reviendront pas ! Mais ceux qui restent sont à l'abri, leurs maisons sont intactes, du soir au matin et du matin au soir ils n'entendent pas le bruit sourd du canon, le ronflement du moteur de Taubes qui viennent jeter des bombes ; leurs champs ne sont pas labourés par les obus, coupés par des tranchées qu'il faut combler, semés de croix, indiquant qu'un brave, héros obscur, repose là, sous quelques mottes de terre... Ah ! quels exemples, quelles leçons donnent à ceux et à celles de l'intérieur leurs frères, leurs sœurs surtout, de la zone des armées !

Ces exemples, je le sais, ont été suivis dans l'ensemble du pays, dans notre Ardèche surtout, où les femmes ont été si courageuses, les vieux et les enfants si vaillants, si empressés à s'entr'aider mutuellement.

N'empêche que, si vaillants soient-ils, ils auront, ce me semble, encore plus de cœur à l'ouvrage quand ils sauront que le voisinage de l'ennemi n'arrête pas les cultivateurs de la Lorraine et des Vosges, que dans ces pays dévastés, les travaux des champs s'accomplissent comme si on ignorait ce périlleux voisinage, que la vie renaît autour des maisons écroulées et des villages incendiés et que la récolte apparaît pleine de promesses dans ces champs si péniblement cultivés.

Ne semble-t-il pas que si Dieu a mis au cœur de ces vaillants travailleurs tant de sang-froid et de courage ce soit pour leur permettre de se montrer dignes de ceux qui combattent, d'avoir ainsi leur part dans la victoire prochaine et de dire, par leur exemple, à tous les paysans de France : « Courage ! Nous travaillons parce que nous espérons. Travaillez et espérez comme nous ».

A mon grand regret, je n'ai pas pu accompagner la délégation dans la seconde partie de sa tournée, en Franche-Comté et dans le territoire de Belfort.

Je n'ai rejoint mes collègues, MM. Brailbant, Camuzet, Cosnier et Guichard, qui avaient été pour moi pleins d'attentions, qu'à Vesoul, sur le chemin du retour.

J'avais été arrêté par un anthrax, à Remiremont, où je dus être opéré en arrivant et où j'ai passé trois jours à l'hôpital militaire.

Ce fâcheux incident m'a permis, du moins, de constater le bon moral de nos chers blessés, la patience et l'énergie avec lesquelles ils supportent leurs souffrances, et les soins intelligents, dévoués, pleins de cœur, qui leur sont prodigués, à l'avant, comme à l'intérieur, par les médecins militaires et les infirmières de la Croix-Rouge.

J'ai su, par mes collègues, que la seconde partie de leur tournée avait confirmé l'excellente impression rapportée de nos premiers jours d'enquête et combien ils étaient satisfaits de tout ce qu'ils avaient vu et entendu.

Ajouterai-je que les administrateurs de ces départements frontières : préfets, sous-préfets, professeurs d'agriculture, maires, les présidents et membres des Associations agricoles, Syndicats et Comices, sont à la hauteur de leur tâche et s'en acquittent avec une intelligence, un dévouement, une largeur de vues, un esprit d'union et de concorde au-dessus de tout éloge ? Eux aussi donnent à leurs collègues de l'intérieur un exemple qu'on serait heureux de voir imiter partout.

Veuillez agréer, mon cher directeur, mes sentiments dévoués.

H. DE GAILHARD-BANCEL.

§ III. — *La Commission de l'Armée envoie des délégués sur le front. — Je suis désigné. — Visite sur le front, à Verdun.*

Quelques semaines après cette tournée agricole, j'eus l'occasion de retourner dans la zone des armées et même sur le front ; mais ce ne fut plus comme délégué de la Commission de l'agriculture que j'y allai. Ce fut par la Commission de l'armée que j'y fus envoyé avec un certain nombre de mes collègues. Nous allions deux à deux ; j'accompagnai mon collègue, le vicomte du Halgouët, député breton, ancien colonel d'artillerie. Nous avions pour mission de nous renseigner auprès des commandants de corps d'armée et d'armée de leurs besoins en canons, en mitrailleuses, en munitions, et de recueillir toutes les observations, tous les desiderata qu'ils avaient intérêt à soumettre à la Commission de l'armée et au gouvernement.

Je parcourus de la sorte presque tout le front, des Vosges à la mer, et me félicitai d'autant plus d'avoir été délégué pour cette mission que j'eus à plusieurs reprises l'occasion de revoir ceux de mes fils qui étaient encore aux armées.

Il me fut donné aussi de visiter dans leurs cantonnements deux régiments qui me tenaient particulièrement au cœur. D'abord le 252ᵉ régiment d'infanterie, auquel appartenaient mes deux fils tombés au mois de décembre 1914. Je retrouvai leur souvenir bien vivant parmi ceux qui les avaient connus et aimés, et cette fidélité du souvenir me toucha profondément.

Ce fut ensuite le 61ᵉ régiment d'infanterie que je rencontrai. Il était surtout composé d'Ardéchois, et ce fut pour moi une grande satisfaction de serrer la main à nombre d'entre eux.

— Les Ardéchois sont des soldats admirables, me dirent leurs chefs.

A notre arrivée à Verdun, en descendant d'auto à la porte de la citadelle, j'eus l'agréable surprise de m'entendre saluer d'un « bonjour, Monsieur de Gailhard-Bancel » par un poilu tout couvert de boue, son fusil en bandoulière, qui revenait des tranchées. C'était un de mes électeurs, sous-officier au 61ᵉ, qui rejoignait le cantonnement de son régiment ; nous échangeâmes une chaude poignée de main, je lui expliquai comment j'étais là, car cette rencontre en pareil moment ne l'avait pas moins surpris que moi.

Partout, nous fûmes accueillis avec le plus cordial empressement, et le plus souvent nous fûmes les hôtes des généraux que nous visitions. Peut-être, nous fut-il possible de leur rendre quelques services et de leur obtenir, grâce à l'insistance de la Commission de l'armée, ce qu'ils nous avaient demandé.

Malheureusement pour moi, je rapportai de l'une de ces tournées, par de froides journées d'automne, une grippe infectieuse qui faillit m'emporter. Il me fallut des mois pour me rétablir et pouvoir, non pas, hélas ! retourner aux armées, mais revenir péniblement assister à quelques séances de la Chambre.

§ IV. — *Une école de rééducation pour les agriculteurs mutilés de la guerre. — Les résultats.*

Au cours des années 1915-1916, j'écrivis un certain nombre d'articles agricoles sur la mise en valeur des terres incultes, la taxation des céréales, les prestations, les réquisitions, etc.

De ces divers articles, je ne citerai que celui que j'écrivis sur les agriculteurs mutilés de guerre dans lequel j'insérai une très intéressante interview de M. Voron, vice-président de notre Union du Sud-Est. L'Union avait organisé dans l'école de Sandar, à Limonest près de Lyon, sous le titre d'Institut agricole de mutilés, une œuvre que M. Maurice Barrès avait saluée comme une des plus utiles qui pût être.

M. Voron en exposait dans cette interview le fonctionnement et les avantages et ce fut un vrai plaisir pour moi de pouvoir lui procurer la large publicité de la *Croix*.

Voici cet article :

Pour les agriculteurs mutilés de la guerre.

Un immense effort a été fait déjà pour secourir les mutilés de la guerre. La France entière a répondu aux appels éloquents de Maurice Barrès en leur faveur.

Cependant, un oubli avait été fait : alors que la plupart des mutilés sont des agriculteurs, alors que la terre, qui manquait de bras avant la guerre, en manquera davantage encore après, on ne s'était pas préoccupé de rechercher si les mutilés pouvaient être employés aux champs.

Cette lacune est heureusement comblée aujourd'hui, et il y a quelques semaines, Maurice Barrès, dans une page vibrante, saluait l'œuvre, modeste encore, mais pleine de promesses pour l'avenir, fondée par l'Union du Sud-Est des Syndicats agricoles, dans les environs de Lyon, sous le titre d'*Institut agricole de mutilés.*

Une fondation de ce genre s'imposait, et il est à souhaiter que l'exemple donné par l'Union du Sud-Est soit suivi dans les diverses régions de la France.

Les plus nombreux parmi les mutilés, on ne saurait trop le dire, sont les cultivateurs, environ 75 pour 100, et il faut songer à tout ce qu'ajouterait pour eux aux souffrances de la mutilation la perspective d'être condamnés non pas seulement à changer de métier, mais à voir leur existence bouleversée, à dire adieu aux champs, à la vie indépendante et facile de la campagne, à vendre peut-être la maison familiale, le coin de terre qui l'entourait, pour aller s'enfermer dans la chambre étroite d'une triste maison de ville et y végéter avec leur famille.

Les déracinés volontaires n'ont été, hélas ! que trop

nombreux, et il importe de ne pas faire des déracinés malgré eux, de fournir à tous nos glorieux mutilés des champs le moyen d'y rester, d'y conserver leurs foyers et leurs cultures et d'y reprendre avec leurs familles l'existence paisible et heureuse qu'ils y avaient menée jusqu'au jour où la patrie les a appelés à sa défense sur les champs de bataille.

*
**

Et c'est pour cela qu'il est bon de faire connaître l'Institut agricole de mutilés, établi par l'Union du Sud-Est dans l'Ecole d'agriculture de Sandar, si admirablement située aux abords du village de Limonest, sur les coteaux qui dominent Lyon, à 450 mètres d'altitude, et où, tant qu'il y aura de la place, les mutilés de la guerre *seront* reçus à bras ouverts et *gratuitement*.

Voilà trois mois qu'il fonctionne. Modestes, assurément, ont été ses débuts : un petit nombre de mutilés y est venu jusqu'à présent. On ignorait son existence : ceux qui la connaissaient se demandaient peut-être ce qu'ils iraient y faire :

— A quoi bon, se sont dit, sans doute, quelques-uns, aller à l'école d'un métier que nous avons longtemps pratiqué et connaissons mieux que personne : nous n'avons rien à y apprendre.

— Nous ne pourrons plus travailler aux champs, ont pensé d'autres en se voyant privés d'un bras ou d'une jambe ! « Comment conduire les chevaux, labourer, semer, dans le triste état où nous sommes ? ».

Il en est venu, cependant, des uns et des autres, et ceux qui croyaient tout savoir se sont aperçus bien vite qu'ils avaient quantité de choses utiles à apprendre, que certains outils fabriqués pour être adaptés à leur infirmité

étaient d'un maniement beaucoup plus facile que ceux
dont ils avaient l'habitude, que des appareils perfectionnés facilitaient singulièrement l'utilisation de leurs forces
et leur liberté de mouvement.

Quant à ceux qui, découragés, avaient désespéré de
pouvoir jamais se remettre à la culture de la terre, quelle
joyeuse surprise ils ont éprouvée lorsque, en arrivant à
Sandar, ils ont trouvé des camarades, manchots comme
eux, en train de labourer une grande pièce de terre avec
quatre bêtes attelées à un brabant. Et leur surprise s'est
accrue le lendemain, lorsqu'ils ont vu un seul des deux
manchots, une fois les animaux attelés, conduire seul
charrue et attelage et terminer, sans l'aide de personne,
le travail de la veille. Le courage leur est revenu, ils se
sont mis à la besogne, et bientôt, à leur tour, ont manœu-
vré la charrue aussi bien que leurs camarâdes.

***

« On aurait pu croire à première vue, a dit, dans une
interview, M. Voron, l'un des plus dévoués collaborateurs
du distingué président de l'Union du Sud-Est, M. de Fontgalland, dans la fondation de l'Institut de Sandar, un
amputé de la jambe, doué, pour le travail de labour,
d'une plus grande aptitude qu'un manchot : il mettra le
joug seul, il aura plus d'aisance à ajuster la charrue, à
la débarrasser des mauvaises herbes... Oui : mais aura-t-il
la même endurance ? Supportera-t-il dix ou onze heures
de marche aux flancs de l'attelage ? Nous en doutons un
peu, et lui conseillons les instruments à siège : la charrue
tilbury — est-ce assez engageant ? — ou le si commode et
pratique cultivateur canadien qui est aussi un semoir.

« Ce que nous avons pour les labours et les semailles,

pour l'arrachage des pommes de terre, à l'aide d'une arracheuse de 25 francs fixée à la charrue, nous l'avons aussi pour la fenaison et la moisson, avec la faucheuse, le râteau à cheval, la lieuse...

« Le mutilé peut donc s'adapter ordinairement à la culture, à la condition de s'outiller, parfois de se spécialiser ou de se faire aider un peu : c'est possible. Je ne nie pas que la capacité soit moindre — et c'est pour cela que l'on donnera une pension ; — mais elle reste en partie, et c'est bien encore l'essentiel.

« Un petit métier rural, c'est, à notre avis, un métier auxiliaire : vannerie, fabrication des balais, des sabots, etc. ; déjà, avant la guerre, nous en avions étudié l'utilité comme occupation d'hiver ou de chômage ; il rendra service aux mutilés au même titre et même davantage, nous en convenons. Mais, de grâce, qu'on n'oublie pas les grands métiers : la grande, la vraie culture qui sera plus nécessaire que jamais. Les mutilés n'en sont pas incapables.

« Ajoutons même qu'il convient de pousser ceux qui en sont capables aux emplois supérieurs, où ils pourront mieux choisir leurs occupations. Nous leur conseillons de songer et de se préparer par l'étude... et le mariage, à aborder une ferme importante ; car c'est un des meilleurs moyens de se procurer des capitaux à bon compte. L'embouche, l'entreprise de culture : tout autant d'emplois possibles. Nous sommes loin des besognes infimes ! Dès le début, notre Institut agricole de mutilés s'est donné comme tâche de rendre ses braves pensionnaires dignes des meilleurs emplois afin qu'ils restent dans la dignité où les a placés leur sacrifice ».

On ne saurait mieux dire ! Me sera-t-il permis d'ajouter qu'à côté de la grande culture, de la direction d'un domaine, comme propriétaire, fermier, métayer ou régisseur, les mutilés peuvent encore trouver une occupation à leur portée, et lucrative, dans l'horticulture, jardin potager ou d'agrément, dans l'apiculture, l'élevage du menu bétail, volailles, lapins, la pisciculture, etc. Grande est la variété des travaux qui s'offrent à eux ; et *tout cela est compris dans l'enseignement* de l'Institut de Sandar, où les mutilés suivent des cours pratiques et apprennent aussi la menuiserie et le travail du fer.

***

Mais je m'aperçois, en terminant, que j'ai un oubli à réparer. Je n'ai pas dit — et il faut le dire — que ce ne sont pas seulement les agriculteurs mutilés qui pourront trouver l'emploi de leur vie dans le travail des champs et qui seront les bienvenus à Sandar. Ce sont aussi, parmi les mutilés, ceux-là qui, jusqu'à présent étrangers au travail de la terre, y seraient appelés par une vocation tardive et souhaiteraient une existence plus indépendante et plus large que celle de l'ouvrier de l'usine ou de l'atelier.

Pour être, en apparence, moins affinée, plus dure et plus rude, la vie à la campagne n'en a pas moins de charmes que la vie dans les grandes agglomérations ouvrières ou à la ville. Elle en a même beaucoup plus pour ceux qui savent la comprendre et l'apprécier. Je ne veux, certes, médire d'aucun travail ; mais celui qui s'accomplit au grand air, sous le ciel, dans l'espace libre et le calme des champs, n'est-il pas le plus sain, le plus conforme à la nature, le plus noble, le meilleur pour le corps et pour l'âme ?

Je suis bien convaincu que si quelques jeunes mutilés, qui n'ont jamais encore vécu à la campagne, ont la bonne pensée de venir chercher à Sandar une nouvelle orientation de leur vie, ils n'auront pas à s'en repentir et subiront bientôt la douce et bienfaisante emprise de la vie et du travail des champs.

**

Il y a encore quelques places disponibles à l'Institut de Sandar, où tout est gratuit ; que les agriculteurs mutilés qui liront ces lignes se hâtent d'en demander une ; et, surtout, que des instituts analogues soient fondés partout où ce sera possible.

La Société des Agriculteurs de France s'apprête, je crois, à en établir un à côté de l'Ecole d'agriculture de Beauvais. Nous ne saurions trop nous en réjouir : son exemple fera naître sûrement de nouvelles initiatives.

Aucun milieu, d'ailleurs, n'est plus favorable à une œuvre de ce genre que le voisinage d'une Ecole d'agriculture. Jamais la fondation de Sandar n'eût pu être réalisée si l'Union du Sud-Est n'avait pas trouvé, à l'Ecole d'agriculture de Limonest, le concours de professeurs expérimentés et dévoués, qui l'ont secondée dans son effort social et patriotique. Car c'est bien là le double caractère de cette forme nouvelle de l'assistance aux mutilés.

N'est-ce pas, en effet, faire œuvre patriotique et sociale que de fournir à ceux qui ont si bien défendu le sol de la patrie le moyen d'y demeurer avec leurs familles, de le travailler, de le féconder et d'en faire jaillir le pain qui entretient la vie et le vin qui réjouit le cœur ?

Maurice Barrès, Paul Deschanel, M. Hanotaux, qui s'occupaient beaucoup de l'œuvre des mutilés de guerre, me remercièrent très aimablement d'avoir fait connaître par mon article ce que l'Union du

Sud-Est avait fait pour les mutilés de l'agriculture avec le concours et sous le patronage de l'œuvre qu'ils avaient fondée et dirigaient.

J'eus l'occasion, en 1917, de constater que l'Union du Sud-Est avait réussi pleinement à rendre service à la fois aux mutilés et aux agriculteurs.

Nous étions embarrassés à Allex pour faire les labours préparatoires pour les semailles d'automne. J'eus recours aux bons offices de l'Union qui m'envoya un tracteur piloté par un mutilé, et, grâce à cette aide particulièrement opportune, quelques membres du Syndicat et moi-même nous pûmes faire nos semailles sans trop de difficulté.

§ V. — *Un débat sur la politique agraire. — Intervention de l'abbé Lemire. — Je prends part à la discussion. — Extension de la capacité civile des Syndicats. — Projet de loi sur les Chambres d'agriculture. — La Commission de l'agriculture y donne une place aux représentants des Associations agricoles.*

Ma dernière intervention dans les questions agricoles, discutées pendant la législature de la guerre, eut pour objet les Syndicats agricoles et leurs Unions.

Un débat avait été institué sur la politique agraire du gouvernement. Divers orateurs, MM. Compère-Morel, Jobert, Jean Durand, Lemire, d'autres encore y prirent part. M Compère-Morel, en attendant que le socialisme pût assurer la prospérité de l'agriculture, réclama l'intervention de l'Etat pour le développement de l'enseignement agricole, le remembrement des terres, le drainage, la vulgarisation des engrais chimiques, etc. Je l'interrompis alors pour lui rappeler l'effort que font les Syndicats pour en propager l'emploi :

— Il y a une éducation à faire, dis-je, nous y avons consacré nos efforts et notre temps.

M. l'abbé Lemire prononça au cours de ces débats un discours où il y avait d'excellentes choses. Il exprima le regret qu'en France on n'ait pas songé à mettre des terres, soit aux colonies, soit même à l'intérieur, à la disposition des anciens combattants qui avaient lutté pour le salut du territoire, comme on l'avait fait en Angleterre et dans plusieurs de ses dominions :

En France, dit-il, il nous a paru que l'argent était la mesure de tout, j'en suis humilié.

Faire de l'argent la mesure de tout nous amène l'universelle revendication dont nous sommes témoins à l'heure présente. Même les vieilles professions libérales, même celles qui, autrefois, se contentaient de l'honneur de servir le pays...

M. Jean Bon. — Et des honoraires.

M. Lemire. — Oui, je le sais, il faut vivre, il y a toujours eu sur la terre le souci de vivre, le souci de nourrir la famille ; mais il y avait aussi le sentiment de l'honneur. (Applaudissements.)

Nos plus pauvres paysans, nos plus petits artisans étaient fiers quand ils avaient fait une belle chose. On ne se regardait pas comme payé uniquement par le salaire ou par l'argent de l'acheteur.

Je revendique pour mon pays ce souci de l'honneur, qui existe chez tous les bons ouvriers.

Il y a aussi la passion de la terre, et cette passion il faut la contenter.

Et plus loin :

Vous voudriez que le gouvernement fasse tout, moi je ne lui demande rien, si ce n'est le respect des initiatives et la circulation des choses. Je demande que l'on puisse faire ce que l'on croit utile, sans être obligé d'aller à chaque instant chez le préfet, le sous-préfet et le maire !

Et il demanda qu'on facilitât largement pour tous l'accession à la propriété, il souhaitait pour cela que les communes obtinssent par une loi le droit de préemption pour les parcelles à vendre sur leur territoire. Elles auraient mis les parcelles à la disposition des anciens combattants dans des conditions à déterminer.

L'occasion me parut bonne de faire écho à l'abbé Lemire, de réclamer pour les Syndicats et les Unions le droit d'acquérir et posséder des immeubles et je présentai les courtes observations qui suivent :

Nous sommes saisis d'un projet de loi qui a été voté par le Sénat et par la Chambre, qui est revenu devant la Chambre, et qui est actuellement à la Commission du travail : c'est le projet de loi qui étend la capacité civile des Syndicats et la donne aux Unions de syndicats.

Il y a une grande urgence à voter ce projet ; le jour où il sera voté, les Syndicats, les Unions de Syndicats, qui sont souvent des Associations très importantes, pourront acheter des propriétés qu'ils mettront, dans de bonnes conditions, à la disposition des anciens combattants et ouvriers des villes pour en faire des jardins. Ainsi se développera l'œuvre des jardins ouvriers, à laquelle notre collègue M. Lemire s'est consacré avec tant d'intelligence et de dévouement. (*Très bien ! très bien !*) Le jour où les Syndicats auront le droit d'acheter des immeubles ils ne tarderont pas d'user de ce droit, ils ne seront pas gênés par les mille formalités administratives imposées aux communes qui veulent acheter la moindre parcelle de terre, il leur suffira d'une délibération du Conseil d'administration, de passer chez un notaire et l'affaire sera réglée.

Je demande donc instamment à M. le rapporteur de la Commission du travail de nous apporter le plus rapidement possible son rapport sur le projet de loi relatif à l'extension de la capacité civile des Syndicats et Unions de Syndicats, et à la Chambre de le voter tel qu'il nous est revenu du Sénat. Son application aura, au point de vue social, les plus heureuses conséquences. (*Applaudissements.*)

J'eus l'espoir un moment que le vœu que j'exprimais à cette séance du 3 juin 1919 n'allait pas tarder d'être réalisé. La Commission du travail, qui avait été saisie du projet relatif à la capacité civile des Syndicats, revenu du Sénat à la Chambre, en demanda sans tarder la mise à l'ordre du jour, et la discussion commença le 11 juillet.

Les premiers articles furent adoptés sans discussion et parmi ceux-là se trouvaient précisément les articles qui autorisaient les Syndicats à posséder des immeubles.

Malheureusement ils étaient suivis d'un article qui était relatif aux Syndicats de fonctionnaires. Le Sénat l'avait supprimé, la Commission en demandait le rétablissement, et le gouvernement s'y opposait, ou du moins n'était pas d'accord avec la Commission sur les catégories de fonctionnaires auxquels serait accordé le droit de se syndiquer.

Je demandai alors à la Commission d'accepter la disjonction de cet article :

— Les Syndicats de fonctionnaires, dis-je, pourront faire l'objet d'un projet de loi spécial. En attendant, les articles votés par le Sénat et par la Chambre deviendront loi ; et les Syndicats auront ainsi, dès à présent, la possibilité d'acquérir et posséder des immeubles.

Mais le président de la Commission, M. Groussier, ardent socialiste, ne voulut pas accepter la disjonction de cet article ; c'était dès lors la certitude d'un nouveau renvoi au Sénat, la certitude aussi que le Sénat maintiendrait sa manière de voir ; il ne fallait donc pas attendre de cette Chambre le vote définitif des dispositions favorables aux Syndicats, comme nous l'avions espéré un moment.

Ce fut à la législature suivante qui allait s'ouvrir quelques mois après que les Syndicats durent la réalisation du vœu qu'ils avaient depuis si longtemps exprimé.

La Commission du travail de la nouvelle Chambre reprit immédiatement l'examen du projet de loi, qui avait été arrêté par les incidents que je viens de rappeler, et les Syndicats obtinrent pour eux-mêmes le droit de posséder des immeubles autres que ceux nécessaires à leur fonctionnement et pour leurs Unions, qui étaient jusque-là dénuées de toute capacité de posséder, une capacité identique à la leur.

Elles ne tardèrent pas d'en user largement : l'Union du Sud-Est a acheté à Lyon une grande maison, où ses nombreux services sont admirablement installés et où elle peut, chaque année, réunir en assemblée générale les délégués de ses 1.500 Syndicats.

Elle n'a pas encore réalisé le vœu de l'abbé Lemire en achetant aux alentours de Lyon des terrains pour en faire des jardins ouvriers ; cela viendra peut-être. En attendant elle a acheté pour le compte de ses Caisses régionales de réassurance une vaste forêt pour placer en toute sécurité et avantageusement ses réserves mathématiques, déjà considérables.

***

Si, au cours de cette législature de la guerre, je n'eus pas l'occasion d'intervenir fréquemment en faveur des Syndicats agricoles, il me fut donné cependant de leur rendre un service bien modeste, mais utile cependant, à la Commission d'agriculture.

La Commission avait préparé laborieusement un projet de loi sur les Chambres d'agriculture, de longues discussions avaient eu lieu sur divers articles, notamment sur celui qui avait trait à leur composition.

J'avais demandé qu'elles fussent constituées en

majorité par les délégués des Syndicats agricoles et autres groupements analogues.

Les membres de ces associations, avais-je soutenu, ont donné des preuves, en y adhérant, de l'intérêt qu'ils portent aux questions intéressant l'agriculture ; ils les ont étudiées et discutées dans leurs réunions ; ils se sont familiarisés avec elles et seront beaucoup mieux à même de les discuter et de les résoudre dans les Chambres d'agriculture que ceux qui n'ont pas même eu la pensée de faire partie d'une de ces nombreuses associations.

Ma proposition fut repoussée, bien entendu ; je la repris en la ramenant à des propositions plus modestes et demandai que tout au moins les Syndicats et associations agricoles fussent représentés dans les Chambres d'agriculture.

Présentée sous cette forme nouvelle, ma proposition eut un sort meilleur, elle rencontra moins d'opposition et fut renvoyée pour être examinée plus complètement à une autre séance de la Commission.

Parmi ceux qui étaient disposés à l'accepter, se trouvait heureusement le rapporteur du projet, M. Victor Morel. Il en causa à plusieurs reprises avec moi et me déclara que dans la rédaction qu'il soumettrait à la Commission, une place serait faite aux délégués des Associations agricoles.

Il tint sa promesse et lorsque, à une des séances qui suivirent, la question des Chambres d'agriculture revint en discussion, il demanda lui-même que les associations y fussent représentées.

Mais ce jour-là nous étions peu nombreux en

séance, et parmi les présents il n'y avait d'autres partisans de la représentation des associations, que le rapporteur et moi. Le président, Fernand David, y était très opposé. La discussion fut si longue que nos collègues quittèrent les uns après les autres la séance ; nous finîmes par ne rester que trois, le président, le rapporteur et moi.

Nous avions dès lors partie gagnée. A nous deux, le rapporteur et moi, nous formions la majorité ; nous demandâmes le scrutin. Le président s'exécuta de bonne grâce : et voilà comment, pour la première fois, les Syndicats et Associations agricoles furent compris dans le cadre électoral des Chambres d'agriculture.

Elles y furent maintenues par la législature qui suivit et qui institua enfin la représentation officielle de l'agriculture, réclamée depuis trois quart de siècle.

§ VI. — *Un incident des frontières pendant la préparation du traité de paix.*

Je me reprocherais de ne pas faire ici une place au récit d'un douloureux incident auquel je fus mêlé grâce à mon excellent ami, M. de Bohan, président du Syndicat agricole de Champagne et de l'Union catholique de la France agricole. M. de Bohan a succombé à une congestion dans le courant de l'anné 1928, au moment où il s'apprêtait à faner ses foins et montait sur la faneuse. Mourir ainsi pour un agriculteur n'est-ce pas tomber au champ d'honneur ?

Gustave de Bohan était un grand chrétien et un noble caractère. Pendant la guerre il avait tenu tête aux Allemands, et sa fermeté avait failli lui coûter la vie. Emmené ensuite comme otage en Allemagne, il supporta chrétiennement et vaillamment cette épreuve.

Le Syndicat de Champagne qu'il avait fondé et qu'il présidait est un des plus florissants de France ; il compte plusieurs milliers de membres. Il m'a été donné d'assister à une de ses assemblées générales au Val-des-Bois, et à la fête de la quarantième année de sa fondation, dans la cathédrale de Reims, qui venait d'être rendue partiellement au culte.

M. de Bohan jeta les premières assises de l'Union catholique de la France agricole en 1912, en conduisant à Paris 200 membres du Syndicat de Champagne pour faire une nuit d'adoration dans la basilique de Montmartre. Il avait emprunté pour son Syndicat l'insigne et la devise du Syndicat d'Allex *Cruce et aratro*.

Voici le compte rendu de l'incident survenu en février 1919, d'après le bulletin du Syndicat agricole de Champagne.

On sait que les Allemands, dans leur retraite d'octobre-novembre 1918, ne laissèrent pas une tête de bétail dans les pâturages des Ardennes et de la Tiérache. Même après l'armistice nous les avons vus évacuer en Allemagne, à travers la Belgique, le bétail français qu'ils faisaient conduire par les propriétaires eux-mêmes.

Les provinces rhénanes étaient encombrées d'animaux et les Allemands s'étonnaient que la France ne les fit pas rentrer de suite dans ses pâtures abandonnées.

Mis au courant de cette situation, un cultivateur [1], vers la fin de février 1919, en prévint M. de Gailhard-Bancel. C'était, en effet, le moment de repeupler les pâturages, de fournir du lait, du beurre, de la viande aux populations qui rentraient dans leurs villages dévastés.

M. de Gailhard-Bancel transmit la requête au maréchal Foch, qui lui répondit :

« Certes oui, il serait urgent de reprendre aux Allemands le bétail qu'ils ont enlevé, mais Wilson ne veut pas. »

M. de Gailhard-Bancel nous communiqua cette réponse et, sur notre insistance, s'adressa à M. Clémenceau. La réponse fut la même : « Wilson ne veut pas. »

Très émus de cette étonnante conduite, deux cultivateurs prirent sur eux de faire circuler une pétition dans les pays de pâture qu'ils purent atteindre, car le service des postes était loin de fonctionner régulièrement, pétition qui demandait la reprise immédiate du bétail pour remplir les pâtures abandonnées et dévastées. 30 à 40.000 signatures parvinrent à M. de Gailhard-Bancel qui, à force d'instances, obtint de M. Clémenceau qu'il voulût bien recevoir une délégation des pétitionnaires.

70 cultivateurs répondirent à l'appel, notre région était représentée par M. Bergé, conseiller général, M. Fernand Renard et d'autres cultivateurs importants.

M. Clémenceau fut charmant, parut s'intéresser vivement à la question, surtout après avoir pris connaissance d'une lettre d'un officier en occupation à Wiesbaden, ne

---

1. M. de Bohan.

fit pas la moindre allusion au président Wilson, et finit
par demander aux pétitionnaires de lui indiquer les
moyens de récupérer sans tarder le bétail que réclamaient
nos pâturages.

Deux heures après, M. Clémenceau avait entre les
mains une liste de cultivateurs et de marchands de bes-
tiaux compétents que le gouvernement n'avait qu'à envoyer en Allemagne, accompagnés d'officiers français.
Cette délégation aurait eu tous pouvoirs pour choisir le
bétail et l'expédier dans les pâtures du nord de la France,
soit par voie de terre, soit par voie ferrée. En quinze
jours, la plupart des pâturages pouvaient être regarnis de
bétail, de notre bétail dont les Allemands ne savaient que
faire !

Nous pensions pouvoir compter sur M. Clémenceau !
La liste des cultivateurs choisis pour la réquisition lui fut
remise.

Puis... on n'entendit plus parler de rien...

Sœur Anne ne vit rien venir ! Comme d'habitude !

Il fallut attendre un an plus tard que le traité de Versailles s'occupât de nos pâturages vides et permît aux
Allemands de nous envoyer des animaux malades et con-
taminés par toutes les fièvres.

Faut-il croire, qu'une fois de plus, Wilson n'avait pas
voulu ? Il n'y a que cette raison pour excuser M. Clémenceau. Avait-on rogné les griffes du Tigre ?

Et ces bons Allemands qui refusent de mettre leur dra-
peau en berne à la mort de Wilson ! Alors qu'en France...

Le lecteur tirera de mon histoire les conséquences qu'il
voudra.

Testis.

CHAPITRE ONZIÈME

La législature d'après-guerre (1919-1924)

§ I. — *Je quitte la Commission de l'agriculture.* — *Les assurances sociales à la Chambre.* — *Je dépose un contre-projet.* — *Je le défends devant la Commission et en séance publique.* — *La loi sur les assurances sociales est votée à la fin de la législature et envoyée au Sénat.*

Dans la législature qui suivit, je m'occupai beaucoup moins de questions agricoles ; non pas, certes, qu'elles n'eussent plus pour moi d'intérêt, mais je fus amené par des circonstances que je n'ai pas à rappeler ici, à m'occuper de questions relatives à la politique extérieure. Elles étaient nouvelles pour moi et je dus leur consacrer le meilleur de mon temps.

Aussi, plusieurs des collègues de mon groupe ayant exprimé le désir d'être désignés pour la Commission de l'agriculture, je leur cédai la place pour entrer dans la Commission des affaires étrangères, dont je suivis assidûment les travaux.

D'ailleurs, dans cette législature, les Syndicats n'avaient pas à redouter de nouvelles attaques, et ils avaient parmi les nouveaux élus plusieurs députés plus qualifiés que moi pour les défendre s'ils avaient été attaqués. C'étaient notamment M. Gavoty, président de l'Union des Syndicats agricoles de Provence, et M. de Monicault, vice-président de l'Union du Sud-Est. Ils étaient jeunes, pleins d'ardeur, parlaient très bien, et, au point de vue des intérêts généraux de l'agriculture, ils étaient secondés par un bon nombre de collègues, agriculteurs distingués comme eux.

Je pouvais donc, sans remords, sinon sans regret, orienter mes efforts d'un autre côté.

Cependant un projet de loi social, déposé au cours de la législature par le gouvernement, attira mon attention. Il intéressait toutes les professions, mais présentait pour la profession agricole des difficultés plus grandes que pour les autres. C'était le projet de loi sur les *assurances sociales* qui, à l'heure qu'il est, est devenu une de nos lois et n'a, par conséquent, rien perdu de son actualité.

Le projet que le gouvernement avait déposé, en 1922, était contraire à tous les principes sociaux qui m'étaient chers, et qu'à plusieurs reprises j'avais défendus dans les législatures précédentes.

Il faisait des assurances sociales une institution d'Etat et en confiait la gestion à une nouvelle armée de fonctionnaires.

Je repris mes théories d'autrefois et déposai un contre-projet qui laissait aux professions, dans chaque région, le soin d'organiser les assurances sociales conformément à leurs besoins et à leurs traditions.

J'affirmai dans l'exposé des motifs de ma proposition que le projet de loi du gouvernement ne pouvait pas être applicable à la profession agricole, si différente des autres professions ; que les agriculteurs avaient créé depuis longtemps déjà des institutions de prévoyance adaptées à leur profession ; qu'il était indispensable de faire rentrer les assurances sociales dans le même cadre pour qu'ils se décidassent à les accepter, et je traçai les grandes lignes d'un projet de loi qui, laissant à toutes les professions le soin de les organiser à leur guise, donnait toute satisfaction aux agriculteurs.

Voici d'ailleurs quelques passages de l'exposé des motifs de ma proposition :

La profession est un facteur dont il importe de tenir le plus grand compte, quand il s'agit de lois sociales, et surtout d'une loi d'assistance et de prévoyance d'aussi large envergure que celle que le gouvernement soumet aujourd'hui à la Chambre.

Pour rendre les grands services qu'elle promet, elle doit plus que toute autre être adaptée aux conditions de vie et aux besoins de ceux qui sont appelés à en supporter les charges et à en bénéficier ; c'est par la profession elle-même qu'elle sera le mieux et le plus efficacement appliquée. La profession ne crée-t-elle pas un lien quasi familial entre ceux qui l'exercent ? N'est-elle pas

20

comme le prolongement de la famille dont elle assure l'existence ?

Il serait imprudent de se le dissimuler, il y a dans la profession agricole une opposition profonde à l'obligation de l'assurance. Dans maintes réunions, composées en majeure partie de modestes cultivateurs, petits propriétaires, fermiers, métayers, des protestations véhémentes se sont élevées contre l'obligation, et ceux qui ont tenté de la justifier et de la défendre, se sont heurtés à de violentes contradictions...

Le paysan ne donne pas volontiers son argent, et quand il se décide à le donner, il aime savoir où il va et ce qu'on en fait. Il faudra donc qu'il connaisse ceux à qui il le confiera et qui géreront la Caisse dans laquelle il le versera ; qu'il sache que ses cotisations ne prendront pas le chemin d'une Caisse d'Etat, de la Caisse des dépôts et consignations ou de toute autre.

Il faudra aussi qu'un large délai lui soit imparti pour la mise en pratique et l'application de la loi, comme l'ont demandé les délégués des grandes Unions de Syndicats agricoles...

Qu'il nous suffise de redire que heurter de front, sans ménagement, brusquement, les préventions des ruraux, serait risquer de compromettre dans nos campagnes le succès de la loi des assurances sociales, l'exposer à un échec qui serait vraiment regrettable.

Le projet du gouvernement avait été envoyé à la Commission d'assurance et de prévoyance sociales, qui entendit les délégués d'une foule d'associations patronales, ouvrières et agricoles. Elle voulut bien me convier à exposer devant elle ma proposition de loi et m'écouta avec la plus bienveillante attention.

Si je ne réussis pas à la lui faire accepter dans son ensemble, j'eus du moins, aidé par les démarches pressantes des délégués des Unions et des Syndicats agricoles, la satisfaction d'obtenir qu'une situation particulière fût faite aux agriculteurs conformément aux vœux de leurs Syndicats.

Ce ne fut pas seulement devant la Commission, mais devant la Chambre elle-même que je soutins mon contre-projet[1]. Je remerciai d'abord le rapporteur d'avoir fait un premier pas vers les assurances professionnelles et régionales et lui demandai d'en faire un second pour les autres professions. « On parle, dis-je, de solidarité nationale ; je ne la conteste certes pas, mais j'affirme qu'à côté d'elle, il y a d'autres solidarités ; la solidarité familiale d'abord et ensuite la solidarité professionnelle ».

Je rappelai ensuite mes précédentes interventions relatives au rôle de la profession dans l'organisation de l'assistance et de la prévoyance, et citai divers témoignages autorisés en faveur de ma thèse. Je demandai enfin qu'une latitude plus grande fût laissée aux Caisses professionnelles pour l'emploi de leurs réserves, et qu'au lieu d'appliquer intégralement la loi dès sa promulgation, on l'appliquât par étapes, en garantissant successivement les risques prévus : maladie, invalidité, maternité, vieillesse, décès, chômage, comme cela s'était fait en Alsace.

Le rapporteur, M. Grinda, me répondit très courtoisement et, rappelant tout ce qu'il avait fait en

---

1. Séance du 7 avril 1924.

dernier lieu, à la demande de la Commission du travail, pour élargir la professionnalisation de l'assurance et en faciliter l'application à ceux qui désireraient la pratiquer, il me demanda de retirer mon contre-projet. J'y consentis sans grande hésitation, et la discussion continua. Elle se prolongea pendant encore une séance et la loi fut votée à la presque unanimité à la séance du 8 avril.

§ II. — *Le projet voté par le Sénat revient devant la Chambre quatre ans après. — Il est voté. — Promesse du Gouvernement de le modifier pour les agriculteurs.*

La même unanimité se retrouva quatre ans après à la Chambre, lorsque le Sénat lui renvoya le projet qu'il avait reçu de sa devancière, mais ce ne fut pas sans difficulté que ce vote unanime fut obtenu.

Le projet voté par le Sénat était en effet un projet nouveau, tout différent de celui qu'avait voté la Chambre en 1924. Les dispositions favorables aux agriculteurs avaient été supprimées, et aucune distinction ne demeurait entre la profession agricole et les autres professions, malgré les différences énormes qui existent entre elles.

La Chambre, qui touchait à l'expiration de ses pouvoirs, tenait à voter le projet avant les élections et la majorité, n'ayant pas le temps de le discuter, décida de voter le texte du Sénat sans y rien changer. Elle n'avait plus d'ailleurs le temps d'engager, avant de se séparer, un débat qui aurait été très long.

Mais les députés agricoles ne l'entendirent pas ainsi et menacèrent de faire de l'obstruction pour en empêcher le vote précipité. La situation était délicate.

Après de longs pourparlers, le gouvernement proposa aux représentants des agriculteurs de prendre en séance publique l'engagement de déposer, au début de la législature nouvelle, un projet de loi qui apporterait à la loi votée les modifications réclamées par les agriculteurs. La proposition fut acceptée. Les députés agricoles prirent acte de la promesse du gouvernement avant le vote, et le projet revenu du Sénat fut voté sans aucune modification, le 28 mars 1928.

La question des assurances sociales dans l'agriculture va donc incessamment revenir devant la Chambre. Il importe, pour que les modifications promises soient apportées à la loi votée, que les agriculteurs se mettent d'accord sur ce qu'elles doivent être et qu'ils forment un front unique, quelles que soient les Unions ou Fédérations auxquelles ils appartiennent. L'union est la condition de leurs succès.

Si le gouvernement voyait parmi eux des hésitations, des divergences, ne pourrait-il pas se considérer comme délié de sa promesse et s'abstenir de proposer les modifications attendues ?

Je ne peux, au moment où je trace ces lignes, que souhaiter l'accord complet entre toutes les associations agricoles. Quand elles paraîtront, les agriculteurs seront sans doute fixés sur le sort qui leur aura été fait, et suivant ce qu'il sera, ils verront le profit qu'ils pourront tirer de la loi. Puissent-ils avoir obtenu toutes les satisfactions espérées !...

Cette législature fut pour moi la dernière. Quoi-qu'elle ait commencé sous le signe de l'Union sacrée, je ne tardai pas de m'apercevoir que le glissement à gauche, qui s'était manifesté dès le début, allait en s'accentuant, que les leçons de la guerre s'oubliaient bien vite et que les grands espoirs de relèvement moral et financier, que la victoire nous avait donnés, s'évanouissaient peu à peu.

Aussi cette législature fut-elle pour moi très péni-ble, et quand je songe à ce qu'a été la suivante, je rends grâce à Dieu de m'avoir épargné d'en faire partie. Ce fut d'ailleurs sans aucun regret que j'aban-donnai la vie politique que je n'avais pas ambition-née et que les circonstances m'avaient imposée.

J'avais l'âge de la retraite, et après avoir été pen-dant près de vingt-cinq ans éloigné de mes œuvres de la Drôme, il me fut très agréable de reprendre un peu contact avec elles.

§ III. — *Le 40ᵉ anniversaire de la fondation des Syndicats d'Allex et des Cantons de Crest. — Epilogue.*

La fête du quarantième anniversaire de la fonda-tion du Syndicat d'Allex, célébrée presque au lende-main des élections de 1924, et celle du quarantième anniversaire de celui des cantons de Crest, qui la suivit de près, m'auraient largement consolé de mon échec, si j'avais eu besoin de consolation.

C'est par les souvenirs de la fondation des Syndicats d'Allex et de Crest, que j'ai commencé ces pages ; je ne peux mieux faire, me semble-t-il, en les terminant, que de résumer en quelques lignes les longs comptes rendus que nos journaux locaux donnèrent de ces fêtes de leur quarantième anniversaire.

Elles furent célébrées l'une et l'autre avec une exceptionnelle solennité. Plus de 200 syndiqués à Allex, près de 400 à Crest, y prirent part.

A Allex, les membres du Syndicat m'accueillirent sur la place du village, au son de la fanfare. M. Garcin, président de l'Union du Sud-Est, avait bien voulu être de la fête et fut salué avec moi par un groupe de jeunes filles qui nous adressèrent un charmant compliment, et nous offrirent une gerbe de blé et des fleurs.

A la messe, M. le chanoine Courbis, directeur diocésain des œuvres, prononça une éloquente allocution.

— Les associations, dit-il, comme les individus, doivent rendre hommage à Dieu et le remercier.

Et il ajouta :

— Le paysan doit être fier de son titre de paysan ; n'est-il pas le collaborateur de Dieu dans la célébration du sacrifice rédempteur, en produisant le pain et le vin qui, par la consécration du prêtre, deviennent le corps et le sang de Jésus-Christ ?

Puis ce furent le défilé au travers des rues du village et le banquet, auquel prirent part, avec les membres du Syndicat, de nombreux invités : M. Pouzin, ancien député ; M. de la Boisse, qui représentait l'Union de la Drôme ; le félibre Almoric, etc., etc.

Le vice-président du Syndicat, M. Chastaing, prit le premier la parole ; il salua et remercia M Garcin et m'offrit mon portrait en me demandant de le placer dans la salle de réunions du Syndicat pour rappeler à nos successeurs que j'en avais été le fondateur et, depuis quarante ans, le président.

M. Garcin m'apporta la nouvelle que l'Union du Sud-Est avait voulu que je fusse, cette année, avec le Syndicat d'Allex, le lauréat du prix Duport ; et après de nombreux toasts, le *Chant du Paysan*, chanté par M. Gamon, de Chabrillan, termina le banquet, au cours duquel la fanfare de Saint-Maurice d'Allex avait joué ses meilleurs morceaux.

A Crest, je l'ai dit déjà, deux ans après, le quarantième anniversaire du Syndicat des deux cantons fut célébré avec beaucoup plus d'éclat. Très impressionnant fut le défilé dans les rues de la ville pour aller à l'église et de l'église à la salle d'ombrage où il avait fallu dresser des tables autour desquelles près de 400 convives allaient s'asseoir.

M. Girardon, président du Syndicat des cantons de Crest, présidait, entouré de M. Voron, vice-président de l'Union du Sud-Est, qui remplaçait M. Garcin, empêché au dernier moment d'être de la fête, de MM. de la Boisse et Gambert qui représentaient l'Union de la Drôme.

M. Gatien Almoric ouvrit le banquet par le *Bene-dicite des Félibres* :

> *Seignour, bénésissé questé repas,*
> *Fasé qué l'autré tarzé pas*
> *E que, si tarzo, manqué pas !*

Au cours du banquet, M. Girardon distribua aux vétérans du Syndicat les plus méritants, des médailles que la Société des Agriculteurs de France avait mises gracieusement à la disposition du Syndicat, et quand le moment des toasts fut venu, il souhaita la bienvenue à M. Voron, à la troupe félibréenne des rives de Granette, à tous les invités. Il salua ensuite la mémoire de Louis Court qui avait été mon auxiliaire le plus dévoué dans la fondation du Syndicat et qui avait succombé à la veille de cet anniversaire que, prévoyant peut-être sa fin prochaine, il était impatient de fêter.

MM. Voron, de la Boisse, Almoric, Reboul, portèrent aussi des toasts chaleureux et j'en terminai la série en évoquant le souvenir d'un passé déjà lointain et en conviant les jeunes à demeurer fidèles à la terre et au Syndicat.

Le banquet fut suivi d'une représentation du *Noùnanto-Nou*, d'Almoric, dont la reprise, après bien des années, fut accueillie avec tant d'enthousiasme, que dans la soirée, les félibres durent en donner une seconde représentation pour les membres de la section syndicale de la commune de Crest, pour leurs familles et leurs invités.

Epilogue

Arrivé au terme de souvenirs qu'il m'a été très doux de revivre dans ces pages, il ne me reste plus qu'à rendre grâce à Dieu d'avoir permis que je fusse un des pionniers des Syndicats agricoles et que j'aie rencontré de si dévoués collaborateurs pour me seconder dans la tâche qu'il lui a plu de m'assigner.

Assurément, beaucoup auraient, autant et plus que moi, mérité d'être choisis pour cette œuvre et d'entrer au Parlement pour y défendre les Syndicats lorsqu'ils ont été menacés. Peut-être, plus sages et plus habiles que je ne l'ai été, auraient-ils réussi à leur épargner le grand péril dont ils ont été providentiellement sauvés.

N'ai-je pas eu tort, en effet, de rappeler trop souvent à la Chambre les grands services rendus par les Syndicats agricoles et d'aviver ainsi les préventions et les craintes qu'ils pouvaient susciter parmi nos adversaires politiques ?

Si des erreurs et des fautes ont été commises, elles sont mon fait. Mais, je l'avoue, je n'en ai pas de remords. Si grandes étaient pour les agriculteurs l'utilité, la nécessité même des Syndicats, que toute occasion de les mettre en relief me paraissait devoir être saisie. Pouvait-on croire, d'ailleurs, que la passion politique pût s'exaspérer au point de risquer de détruire une institution si pacifique et bienfaisante ?

A présent, les Syndicats n'ont plus rien à craindre de leurs adversaires d'autrefois ; le danger pour eux est ailleurs. Il est dans l'indifférence, dans l'apathie générale, dans l'ambiance d'égoïsme, de besoin de jouir, d'insouciance de l'intérêt public, qui paralysent tout effort social.

Puisse la Providence qui les sauva, il y a vingt ans, les protéger aujourd'hui encore contre ce nouveau péril, en leur envoyant les bons ouvriers dont ils ont besoin pour durer, prospérer et grandir.

TABLE

PREMIÈRE PARTIE

Fondation et fonctionnement
des Syndicats agricoles

Chapitre Premier
Fondation et débuts des Syndicats agricoles

— 303 —

§ VI. — Le Congrès national des Syndicats à Lyon en 1894 55

CHAPITRE QUATRIÈME

Les Syndicats agricoles et le Félibrige

§ I. — Gatien Almoric et les parler locaux : leur portée sociale.. 58
§ II. — *Loù Nouananto-Nòu* et les Syndicats agricoles. 60
§ III. — *Loù Nouananto-Nòu* à Valence. — Le salut des Félibres à la Comédie Française .. 63

CHAPITRE CINQUIÈME

En marge des Syndicats agricoles.
Les Œuvres religieuses et morales pour les Agriculteurs

§ I. — Les retraites d'Aiguebelle : leur origine ; la première retraite d'Aiguebelle. — Loù Labouraire. — Programme des retraites. — La loi du 1er juillet 1901 sur les associations oblige de les suspendre 70
Chant du Labouraire 74
§ II. — Retraites de Val-Brian : leurs difficultés ; leur suppression 82
§ III. — Congrès et Pèlerinages. — L'abbé Baret. — A N.-D. de l'Osier. — A N.-D. du Laus. — Au Congrès d'Aix-en-Provence.. 86
§ IV. — L'Union catholique de la France agricole. — Le Congrès National catholique de Paris en 1897. — L'Union des classes.. 92

CHAPITRE SIXIÈME

Le Congrès agricole et syndical de Nice. — Concours et Prix

§ I. — Le Comte de Chambrun et les Syndicats agricoles 100

DEUXIEME PARTIE

Les Syndicats agricoles à la Chambre des Députés

CHAPITRE PREMIER
Ma première législature

CHAPITRE DEUXIÈME

Le projet de loi sur les retraites ouvrières à la Chambre

CHAPITRE HUITIÈME

Les Conseils du travail et les Agriculteurs.
Les dialectes locaux à la Chambre

CHAPITRE NEUVIÈME

Les Caisses de réassurance et de crédit.
L'Enseignement agricole

CHAPITRE ONZIÈME

La législature d'après-guerre (1919-1924)

www.ingramcontent.com/pod-product-compliance
Lightning Source LLC
Chambersburg PA
CBHW050501270326
41927CB00009B/1853